はじめに

　わが国では、介護や福祉分野をはじめとする対人援助サービスの社会的需要が年々高まっています。同時に、就業者も増加しており、厚生労働省の調査によると、2021（令和3）年には労働者の８人に１人が医療・福祉分野で就労しているといわれています。
　このような状況のなか、対人援助職の事業所では、経営や人材管理など、専門職としての技能とは異なる知識やスキルのニーズが高まっています。例えば、福祉に関してはプロフェッショナルであっても、マネジメントに関しては体系的に学ぶ機会をこれまでもたなかった人も少なくないのではないでしょうか。

　そこで本書では、現場で活躍しつつプレイングマネージャーも務めている方々のために、職場のマネジメントに関する情報を一冊にまとめました。古典的な経営理論から、IT 関連の最新技術まで、ふだんの業務では直接触れることの少ない用語を網羅的に掲載しています。気になったキーワードなどがあれば、インターネットや専門書などを併用してさらに知識を深めていただければと思います。

　私は長年、心理師、産業カウンセラー、キャリアコンサルタントの立場からさまざまな職業の方々をサポートしてきました。近年は「せっかく採用した人材がすぐに辞めてしまう」「ベテラン職員が無意識にハラスメントをしていて困る」といった相談がたい

へん増えています。こうしたときに、経験則のみならず、いくつかの理論を用いることで、思いのほかすっきりと事態が好転することがあります。例えば、離職のお悩みには、「ハーズバーグの二要因理論（➡ P.72）」を取り上げて、「給料を上げたからといって人材が定着するわけではない。その他の要因が大きい」といったことをお伝えしています。これらの科学的なエビデンスを適切に活用して対処を行うことで、離職率が低下した実例もあります。本書の第6章では、事例を用いて具体的な実践方法を解説しましたので、こちらもご参照ください。

　業務運営の立場から事業所を見直したいときや、困りごとが起こった際には、ぜひ本書を手にとっていただき、参考になりそうな項目を探してみてください。また、お仕事の合間に図解ページを眺めて気晴らしをするだけでも、何らかの改善に向かうヒントが見つかるかもしれません。
　本書が皆さまの業務のお役に立つことができれば幸甚です。

　最後になりますが、本書の刊行にあたっては、雑誌「ケアマネジャー」の連載でもお世話になっている、中央法規出版第一編集部の渡邉拓也さんに多くのサポートと編集のご尽力をいただきました。ここに記して、改めて心より御礼申し上げます。

2024年9月

大村美樹子

図解でわかる対人援助職のための職場マネジメント　目次

はじめに

第 1 章　マネジメントの基本

01 マネジメントの役割 …… 2
02 マネジメントの歴史 …… 4
03 リーダーシップとマネジメント …… 6
04 科学的管理法 …… 8
05 人的資本経営 …… 10
06 タレントマネジメント …… 12
07 パーパス経営 …… 14
08 健康経営 …… 16
09 業務マネジメント …… 18
10 コストマネジメント …… 20
11 品質マネジメント …… 22
12 マーケティング・マネジメント …… 24
13 イノベーション・マネジメント …… 26
14 環境マネジメントシステム …… 28
15 デジタル・トランスフォーメーション …… 30
16 リスクマネジメント …… 32

第 2 章　人材マネジメント

- 01 リーダーシップ …… 36
- 02 フォロワーシップ …… 38
- 03 チームビルディング …… 40
- 04 従業員エンゲージメント …… 42
- 05 目標設定（KPIとKGI）…… 44
- 06 モチベーション …… 46
- 07 ティーチング …… 48
- 08 コーチング …… 50
- 09 スーパービジョン …… 52
- 10 メンタリング …… 54
- 11 OJT（On the Job Training）…… 56
- 12 OFF-JT（Off the Job Training）…… 58
- 13 1on1ミーティング …… 60
- 14 パフォーマンスマネジメント …… 62
- 15 スキルマップ …… 64
- 16 リモートワーク …… 66
- 17 感情労働 …… 68
- 18 マズローの欲求階層説 …… 70

- 19 動機づけと報酬 …… 72
- 20 人材育成プログラム …… 74
- 21 離職防止 …… 76
- 22 ウェルビーイング …… 78
- 23 人材育成のコツ①　「ほめる」と「おだてる」…… 80
- 24 人材育成のコツ②　「叱る」と「怒る」…… 82

第3章 組織マネジメント

- 01 ダイバーシティ …… 86
- 02 キャリア開発 …… 88
- 03 プランニング …… 90
- 04 福利厚生 …… 92
- 05 人事評価 …… 94
- 06 学習する組織 …… 96
- 07 報酬 …… 98
- 08 組織マネジメントの7S …… 100
- 09 行動経済学 …… 102
- 10 心理的安全性 …… 104
- 11 CSR …… 106

12 ESG …… 108
13 SDGs …… 110
14 サステナビリティ …… 112
15 安全衛生管理 …… 114
16 BCP …… 116
17 ハラスメント防止 …… 118
18 クレーム対応 …… 120

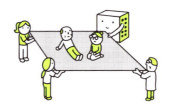

第4章 ミーティング・マネジメント

01 効果的な会議とは …… 124
02 資料作成／配布 …… 126
03 ファシリテーション① ファシリテーターの役割 …… 128
04 ファシリテーション② 意見を引き出す …… 130
05 ファシリテーション③ 合意形成 …… 132
06 ファシリテーション④ その他の役割 …… 134
07 プレゼンテーション …… 136
08 アイスブレイク …… 138
09 オープンクエスチョン …… 140
10 クローズドクエスチョン …… 142

11 タイムマネジメント（会議に伴う）…… 144
12 フィードバックと情報共有 …… 146
13 アイデアを引き出す …… 148
14 オンライン会議の進行とマネジメント …… 150

第5章 セルフマネジメント

01 ワーク・ライフ・バランス …… 154
02 バーンアウト …… 156
03 ストレスコーピング …… 158
04 マインドフルネス …… 160
05 アンガーマネジメント …… 162
06 タイムマネジメント（業務に伴う）…… 164
07 リラクセーション …… 166
08 レジリエンス …… 168
09 自己効力感（セルフ・エフィカシー）…… 170
10 ソーシャルサポート …… 172
11 セルフケア …… 174
12 キャリアプラン …… 176
13 リスキリング …… 178

- 14 アサーション …… 180
- 15 認知バイアス …… 182
- 16 心理的リアクタンス …… 184
- 17 ロジカルシンキングとクリティカルシンキング …… 186
- 18 現場での基本マナー …… 188

第6章 事例で押さえる職場マネジメントのポイント

- 01 行動指針をつくりたい　業務マネジメントの実践 …… 192
- 02 新しいスタッフのやる気を引き出したい　人材マネジメントの実践 …… 198
- 03 職場内ハラスメントを防ぎたい　組織マネジメントの実践 …… 204
- 04 会議を効率的に運営したい　ミーティング・マネジメントの実践 …… 210
- 05 ストレスをためない周囲との付き合い方を知りたい …… 216
  セルフマネジメントの実践

索引／著者紹介

第 1 章

マネジメントの基本

01 マネジメントの役割

▶ 職場マネジメントとは

マネジメントとは、会社などの組織における「管理」「経営」のことで、組織目標を達成するために、経営資源である「ヒト・モノ・情報・カネ」を管理し、成果を出すことがマネジメントの目的です。

本書では、**職場において、それぞれの人が最大のパフォーマンスを発揮し継続していくための施策**を、**職場マネジメント**と定義します。

▶ 職場マネジメントを推進する五つの要素

職場マネジメントを推進するには、**H・ファヨール**による「五つの管理機能」に基づいて実践すると効果的です。この機能は「計画（行動に対するプランニング）」「組織（チームワークの発揮）」「命令（上意下達ではなくメンバー自身が任務を引き受ける）」「調整（お互いのビジョンに向けて助け合う）」「統制（常にフィードバックや評価などを与える）」の五つから成り立っています。

かつては、管理監督者が先導して、この五つの管理機能を実践していくことが推奨されていました。しかし、現代では、それぞれのメンバーがフラットな関係を保ちながら積極的に企画立案に携わるなど、主体的に行動することが望ましいマネジメントの姿の一つとされています。これからの時代は、マネージャーも、権威だけに頼ってメンバーを統率するのではなく、同じ立ち位置で共感を示したり、権限を与えたり（エンパワメント）することで、チームとしての結束力を高め、個々のメンバーのモチベーションを引き出しながら職場を活性化していくことが求められるでしょう。

職場マネジメント 図

職場マネジメントの意義

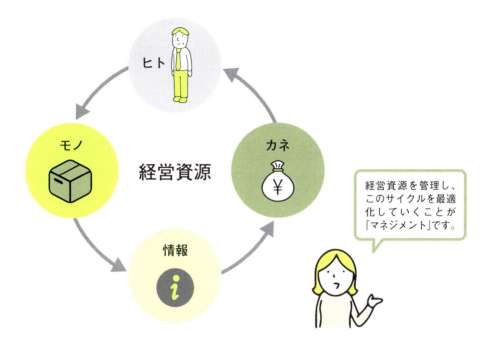

経営資源を管理し、このサイクルを最適化していくことが「マネジメント」です。

五つの管理機能

1	計画	目標（ゴール）と、それに向かう過程（プロセス）の設定を行うこと。まずは達成すべき事柄や目指す成果を明確にする
2	組織	計画に基づいてチームをつくること。目標達成のためにどのようなメンバーが必要なのか、全員の力を発揮できる組織のスタイルを決定する
3	命令	組織を動かすための指示を行うこと。トップダウン型の指示だけではなく、メンバー同士がお互いに行動しやすいようなフラットな視点も必要
4	調整	命令が機能しやすいよう、状況に応じ進めていくこと。それぞれの仕事がかみ合うようにはたらきかけ、全体を調和させる
5	統制	業務が計画どおりに進んでいるかどうかをチェックし、必要に応じて修正する。いわゆる進捗管理と軌道修正、PDCA（Plan：計画、Do：実行、Check：測定・評価、Action：対策・改善）を回すこと

01 マネジメントの役割

02 マネジメントの歴史

マネジメントの歴史と発展

　産業革命以降、資本主義社会が定着していく過程において、組織は「雇用者－労働者」という関係性によって成立してきました。しかしながら、19世紀後半以降、組織の規模が大きくなるにつれ、雇用者だけでは労働者を一元管理していくことが難しくなったため、マネジメントを担う**「管理職」**が設けられるようになりました。20世紀に入り、産業の規模がさらに拡大すると、汎用的な**科学的管理法**が確立されました。

　わが国では、高度成長期における品質マネジメント等の管理手法が徹底され、高品質の製品を多くの労働者によって大量生産する**労働集約型の経済成長**を下支えしました。20世紀後半以降、目標設定による動機づけや、適正な人事評価など、さらに管理職の役割が重視され、職場マネジメントが組織の成長に寄与することが明らかになっています。

マネジメント理論の変遷

　時代のニーズに応じて、さまざまなマネジメント理論が誕生しました。初期には豊富な労働力をいかにコントロールするかに焦点化されてきましたが、現在は商品・サービスの品質、さらには各々の人材が成長し、より組織に対して機能できる管理体制が求められています。特に近年注目されているのは、「マネジメントの父」と称されるアメリカの経営学者**P・ドラッカーの理論**です。1974年には、著書『マネジメント』で「マネジメントなしに組織はない」「マネジメントは組織に成果をあげさせるための道具・機能・機関である」と定義しました。これは職場マネジメントにおいて必要とされる機能を端的に表現しています。とりわけ対人援助職においては、常に個々のクライエントの満足度を担保するために、適切に人的資源を管理することに注力すべきでしょう。

マネジメントの変遷 図

個人の資質から組織パフォーマンスへ

① 生産性向上
（19世紀後半〜20世紀後半）

いかに多くの製品を生産し、労働力を管理していくかに焦点がおかれた

代表的なマネジメント理論
テイラー・システム、科学的管理法など

② システム化
（20世紀後半〜21世紀初頭）

生産工程のシステム化と合理化を進め、効率的に安定した生産を行えるよう、さまざまな科学的手法を取り入れた

代表的なマネジメント理論
タックマンモデル、7Sモデルなど

③ 共感性
（21世紀前半〜）

労働者のエンゲージメントを高め、積極的な取り組みを期待する。組織側が共感力を高めることで個々の能力を引き出す

代表的なマネジメント理論
学習する組織、パーパス経営など

さまざまなマネジメント理論

フレデリック・テイラー
（1856〜1915年）

理論
科学的管理法
➡P.8

アンリ・ファヨール
（1841〜1925年）

理論
14の管理原則
➡P.9

W・エドワーズ・デミング
（1900〜1993年）

理論
デミングサイクル
（PDCAサイクル）

ピーター・ドラッカー
（1909〜2005年）

理論
マネジメント

ピーター・センゲ
（1947年〜）

理論
学習する組織
➡P.96

02 マネジメントの歴史

03
リーダーシップとマネジメント

▶「ヒトを動かす」か「コトを動かす」か

　リーダーとマネージャーは似ているようで異なる役割を担います。リーダーは**「チームを目的に向かって導く者」**であり、マネージャーは**「チームが目的に沿って機能するよう管理する者」**です。すなわち、リーダーはこの先のビジョンを示すことで、組織を将来に向けて導きます。それに対し、マネージャーは現状に即して対応することで、日常的な管理を効果的に実施します。どちらも組織に必要な役割であり、少人数の組織においては、一人の人間が兼務することも多いかもしれません。タイミングによって、どちらの役割が求められているのかを見極めて行動することが必要でしょう。

▶ リーダーシップとマネジメントを機能させるためには

　それではリーダーシップとマネジメントの機能の違いを考えてみましょう。まず**リーダーシップとは、天性のものではなく後天的に身につけるもの**です。組織全体の結果や自分の仕事に責任をもって取り組む力であり、その姿勢を見た周囲の人が自ら進んで後についてくる人こそがリーダーシップを発揮できるといえるでしょう。したがって、リーダーシップを発揮するには、組織メンバーの一員としてモチベーションを引き上げながら率先して行動すること、そしてこのように行動すべきというモデル像を示すことが必要です。

　対する**マネジメント**は、組織に成果をあげさせるための道具、機能、機関であるとP・ドラッカーは述べています。マネジメントでは人や組織に対して責任を負う立場として、業務全体の管理や部下の指導・評価といった管理を行い、俯瞰的な視点から組織全体がバランスよく動いていくように指揮をとっていくことが求められます。

リーダーとマネージャー 図

リーダーとマネージャー

リーダー

目的　ヒトを動かす

リーダーに期待される役割

- メンバーを動かす強いエネルギーをもつ
- ゴールに向かって目標達成を促す
- よりよい未来に向かって挑戦する
- リーダーとメンバーはもちろん、メンバー同士のコミュニケーションを推進する
- チームワークを強化し、お互いのモチベーションを高め合う

マネージャー

目的　コトを動かす

マネージャーに期待される役割

- 環境に左右されず課題達成に取り組む
- 現在の状況を見極め、戦略的に目標達成の綿密な計画を立てる
- 変化に備え、事前に対策を講じる
- メンバーと公平な関係性を保つ
- 業務が常に最適に進捗するよう人材の管理を行う

リーダーシップとマネジメントの違い

スタッフへの声かけの場面で考えると……

例1　新しい利用者を担当するとき

リーダーシップ	マネジメント
動機づけとなるような言葉かけをする	すべきことを確実に知らせる

初めての案件だけど、これまでの実績があるからあなたなら安心して任せられます。

利用者の状況や特徴などを記録して、明日までに提出してください。

例2　多忙で処理が追いつかない様子のとき

リーダーシップ	マネジメント
情緒的サポートを行う	物理的サポートを行う

困ったときはサポートするから連絡して。みんなで分担して頑張ろう。

既に出来上がった部分から提出して、残りの時間配分を考えてみましょう。

03　リーダーシップとマネジメント

04 科学的管理法

科学的管理法とテイラー・システム

　20世紀初頭のアメリカでは、経営者や労働者個人の知識や経験に依存していた**経営手法を科学的に体系化しようという動き**が出現しました。**F・テイラー**は工場での作業における客観的な基準をつくり、管理体制を構築し、生産性を増強することで、能力に応じて労働賃金が上昇し、さらなる生産性向上に結びつくと考えました。そこで、課業の管理、作業の効率化、作業管理のために最適な組織形態を考案しました。この方式は**「テイラー・システム」**と呼ばれ、科学的な管理システムとして多くの組織に影響を与えました。

　しかし、テイラー・システムは生産性や賃金上昇などプラスの効果だけではなく、効率重視による労働者の人間性軽視や、計画と実行の分離によるホワイトカラー（頭脳労働者）とブルーカラー（肉体労働者）の二極化・対立構造が発生したことで、職場内の人間関係にマイナスの効果も生み出したといわれています。

ファヨールによる管理機能の定義

　テイラー・システム以降、さまざまな科学的管理法が提唱されるようになりました。なかでも、フランスの実業家である**H・ファヨール**の理論は、現代の組織論の基礎としても十分通用する内容となっています。ファヨールの主張する管理とは、企業の責任者、あるいは指揮者の独占的特権でもなければ、個人的な責務でもないという原則です。これは、**管理とはあくまでも組織の指導者とその構成員との間で分担される機能の一つに過ぎず、ほかの経営に関する原則とは別に考えるべきであるという考え方**です。さらに管理的機能を「企業が自由な処分を任せている資源から可能な限りの最大利潤を獲得できるよう、企業本来の目標の達成に向けて、作用させ、指揮・督励すること」とも述べています。

科学的管理法　図

古典的経営から科学的経営へ

古典的経営

経営者の経験と技能、勘が頼り

↓

生産性も賃金も低く、働きにくい

→

科学的管理法（テイラー・システム）

工場労働者を客観的指標により管理

「企業と個人は、互いにその最善を尽くせば、お互いが幸せになる」

課業（ノルマ）管理
- 課業の設定
- 諸条件と用具等の標準化
- 成功報酬
- 不成功減収
- 最高難易度の課業

作業の標準化
- 時間研究
- 動作研究

作業管理に最適な組織形態
- 計画と実行の分離
- 職能別組織

ファヨールによる14の管理原則

	原則	概要
1	分業（専門化）	組織の多様な機能を分業すること
2	権限と責任の一致	権限に基づく行為の責任を信賞必罰として明確にすること
3	規律	組織としての確立された約定を外形的象徴として定めること
4	命令の一元性	業務の担当者が唯一の責任者以外から命令を受け取ってはいけないこと
5	指揮の一元性	一つの組織目標に対して、一人の責任者と一つの計画のみをおくこと
6	個人利益の全体利益への従属	一個人や一集団の利害が、企業全体の利害に優先されることがあってはならないこと
7	従業員の報酬	従業員への報酬を公正に定め、使用者と従業員双方が満足するように努めること
8	権限の集中	組織全体として最良の成果がもたらされるように必要な権限を配分すること
9	階層組織	組織階層を上位権限者から下位の担当者に至る責任の配列とすること
10	秩序	組織としての物的または社会的秩序を守ること。有形資源や人的資源の適材適所への配置に努めること
11	公正	規律に定められていないことに対しても、人間的かつ社会的な好意と正義を前提として行動すること
12	従業員の安定	従業員の環境適応に対して、中長期的な時間的な猶予をもつこと
13	創意の気風	担当者の仕事への熱意や意欲を尊重し、増大させるような対応を試みること
14	従業員の団結	団結がつくり出す力を信じ、組織の好ましい調和を生み出すこと

05 人的資本経営

▶ 人的資本経営とは

　経済産業省は**人的資本経営**を、**人材を「資本」ととらえ、その価値を最大限に引き出すことで、中長期的な企業価値向上につなげる経営のあり方**と定義しています。少子高齢化や人生100年時代の到来、個人のキャリア観の変化など、日本社会は経営環境の大きな節目を迎えています。組織が経営環境の変化に対応しながら、持続的に価値を高めていくには、付加価値を生み出す人材の確保・育成、組織の構築など、経営戦略と適合的な人材戦略が重要だといわれ、わが国としても人的資本経営の推進に向けて舵を切っています。

　人的資本の具体的な評価基準としては、**スキルや知識、業務に関するノウハウなど、従業員がもつ能力**があげられます。さらに、これらの人的資本に継続的に投資をしていくことで、人材の成長による資産価値を高め、さらなる価値創造の担い手としての期待もすることができます。

▶ 人的資本経営における課題と実践

　対人援助職においては、従来から人材の質が重視されており、経営課題の一つとしても検討されてきました。今後は、国の施策に連動する形で人材育成策を前面に押し出していくことで、組織としての存在意義が明確に示されていくと考えられます。

　その一方で、慢性的な人材不足のなかで、事業所側が先導して実施する教育などについては課題が多く、既存業務の軽減を図るための**IT化、オンラインシステムの導入をはじめとするDX化など、長期的な取り組みが求められる**でしょう。

人的資本経営 図

人的資源と人的資本

人的資源

→ 投資しないと目減りしていく
＝投資によって 消費（減少）を防ぐ

 DOWN

人的資本

→ 教育や待遇改善で増えていく
＝投資して 資本の成長を促す

 UP

対人援助職と人的資本経営

従来から「人材の質」が重視されてきた

現状と課題 → **今後求められる対応（例）**

現状
慢性的な人手不足

課題
教育に十分な時間がとれない

IT化による業務負担の軽減

IT化

05 人的資本経営

06 タレントマネジメント

▍タレントマネジメントとは

タレントマネジメントとは、従業員のタレント、すなわち**能力や資質、才能、スキル、経験値**などを引き出し、**パフォーマンスを最大化する人材マネジメントの手法**です。従業員一人ひとりの業務スキルや知識レベルなどのデータを一元管理し、人材育成や配置、採用などに反映させます。科学的アプローチによる人材の最適な配置や、中期的な人材開発を目的に、近年、人事プロセスに取り入れられるようになりました。

これまでは、各人材に対する採用時の情報と、配属後のスキルアップ状況、また転属後の人材開発情報などが、それぞれの部署ごとに管理されていることが少なくありませんでした。また、評価も各部門で行われ、上長による主観的な評定が主流でした。

ところが、ここ数年のIT化やDX化の進行により、一人の従業員に関するデータの紐づけが容易になってきています。そこで、**従業員ごとの職務履歴やスキル、資格など
を統合的に活用しやすくなる手法として、注目されるようになりました。**

▍タレントマネジメントの活用

リーダー育成や人員配置などを行う際、プロフィールを検索すれば、的確なスキル等を有した従業員を即座に見つけ出せます。また評価では、進捗だけでなく、これまで担当した案件などからその従業員が有するスキルや習熟度がわかるため、客観的な採点ができます。働く側にとっては、研修等の受講履歴や、キャリアアップのために有効な資格の取得時期などを組織が把握していることで、**適切な評価を受けられるとともに、自己研鑽や資格取得などの機会を得やすくなります。**タレントマネジメントは、主に規模の大きな組織で活用されますが、こうした面では小規模の組織でも活用できます。

タレントマネジメントの活用 図

Step 1 目標の設定
どんな事業に取り組むか、どの事業の優先度が高いかを洗い出す
例 地域におけるデイサービスの拡充

Step 2 人材像の検討
優先度の高い事業に適切な人材像を検討する
例 レクリエーションの運営経験や地域イベント参加経験がある、新規企画導入の経験がある

Step 3 タレントマネジメント
的確なスキル等を有したスタッフ等を検索・配置・育成する
例 該当者リスト作成、現状確認と参加の打診

Step 4 モニタリング
モチベーションや満足度を評価する
例 実施後のレポートによる効果測定

06 タレントマネジメント

07 パーパス経営

パーパス経営とは

　組織が社会のなかで果たすべき役割や、どのような価値を提供したいのかを明確にした上で、社会貢献と利益創出を行う経営手法を**パーパス経営**と呼びます。「パーパス」とは、直訳すると「目的」の意ですが、ここでは「存在意義」を示します。その組織ならではの志や信念を明確にすることで、<u>独自の価値観に基づく経営を行う</u>ことができます。

　2000年代以降の社会においては、環境問題をはじめとした**グローバルな視点における経営課題**に対し、組織がどのようにかかわっていくかの姿勢が問われる場面が増加しました。自社の利益を追求するだけでなく、<u>社会的責任という視点からも組織の社会的価値や存在意義を見直す機運が高まってきた</u>といえるでしょう。SDGs（➡ P.110）や社会的価値の増大が、その組織の評価を左右するようになり、ひいては収益性や人材採用にも影響するようになったことも大きな要因です。

対人援助職におけるパーパス経営の活用法

　社会貢献に直接的に寄与する対人援助職において、パーパス経営は比較的理解されやすいといえるでしょう。組織のパーパスを明確にしておくことが、経営の合理化や効率化などを検討する際、<u>自事業所が担うべき責任範囲の明確化</u>に役立ちます。

　例えば、ある高齢者福祉施設において「地域への貢献」を経営理念の一つとしてあげていた場合、近隣の農家で栽培された農産物を積極的に購入し食材として利用したり、地域の居住者を優先的に雇用したり、できるだけ CO_2 が発生しないクリーンエネルギーを採用すること等を実践することで、組織のパーパスに則った経営であると評価されます。

パーパス経営 図

パーパス経営の考え方

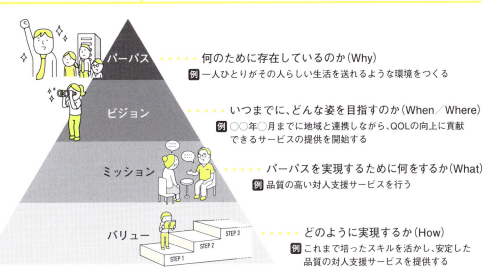

- パーパス ...... 何のために存在しているのか(Why)
  - 例 一人ひとりがその人らしい生活を送れるような環境をつくる
- ビジョン ...... いつまでに、どんな姿を目指すのか(When／Where)
  - 例 ○○年○月までに地域と連携しながら、QOLの向上に貢献できるサービスの提供を開始する
- ミッション ...... パーパスを実現するために何をするか(What)
  - 例 品質の高い対人支援サービスを行う
- バリュー ...... どのように実現するか(How)
  - 例 これまで培ったスキルを活かし、安定した品質の対人支援サービスを提供する

パーパス経営が注目された社会背景

グローバルな課題への関心の高まり

例

環境問題　貧困　飢餓

社会的責任

組織としてどのように課題に取り組むか

存在意義(パーパス)が問われるようになった

07 パーパス経営

08 健康経営

健康経営とは

健康経営とは、従業員等の健康管理を経営的な視点で考え、戦略的に実践することです。組織理念に基づき、そこで働く人々の健康に対する投資を行うことは、人と組織の活力向上や生産性の向上等の組織の活性化をもたらし、結果的に業績向上につながると期待されます。

健康経営には、主に①利用者やその家族に信頼され、事業者選択の候補になりやすい、②自治体等、行政機関をはじめ外部からの信頼を得やすい、③従業員が事業者を信用し、安心して働ける、④従業員が健康かつ安全に働き続けられる、⑤補助金申請時の優遇措置や、融資で優遇利率が適用される根拠になるといった五つのメリットがあります。

健康経営の具体的な取り組み

健康経営の概念を取り入れていくことで、**従業員それぞれが、心身の健康保持のためのセルフケアへの積極的な取り組みをすることが推奨されます**。これによって、組織の活性化だけでなく、従業員が健康に長期間働けるような基盤づくりにも役立ちます。

経済産業省は2014（平成26）年から**健康経営度調査**として、①健康経営の方針や普及、②実践に向けた組織体制、③具体的な制度や施策実行、④効果検証、⑤法令遵守・リスクマネジメントの５分野60項目について質問を行い、健康経営が企業利益にどの程度寄与するかの調査を行っています。

対人援助の現場においても、それぞれの従業員が自らの健康管理をたゆまず行い、常に安定した質の高いサービス提供を行うことが求められています。

※健康経営は、NPO法人健康経営研究会の登録商標です。

健康経営のメリット 図

健康経営が生む好循環

①従業員の健康維持・健康増進への投資

例
・定期的な健康診断
・運動プログラムの提供
・ストレス管理

②健康増進

例
・集中力の向上
・仕事の質の向上
・生産性の向上

③企業のイメージアップ・企業負担の低減

医療費の低減　　雇用にかかるコスト低減

生産性の向上　　企業イメージの向上

④事業の採算改善

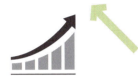

例
・従業員のエンゲージメントの向上
・社会的な評価の向上

健康経営の五つの要素

	要素	取り組み（例）
1	経営理念	健康宣言の社内外への発信、経営者自身が模範を示すために健康診断を受診する　など
2	組織体制	健康を管理する専任担当者の配置、40歳以上の従業員の健康状態を把握するためのシステム構築　など
3	制度・施策	ヘルスリテラシーの向上、ワーク・ライフ・バランスの推進、職場の活性化　など
4	評価・改善	健康経営の取り組みを定期的に評価し、問題点や改善点をチェックする
5	法令遵守・リスクマネジメント	法的要件やリスクを適切に管理する

09 業務マネジメント

▶ 業務マネジメントとは

業務マネジメントとは、サービス提供にあたって円滑にオペレーションを行い、効率的に成果を生み出すための管理手法で、「資源」「過程」「結果」の三つのステップで進めていきます。対人援助職であれば、目の前にある対人援助業務を遂行するだけでなく、事前に綿密な調査を行い、対応手法の検討を行うことが業務マネジメントにあたるといえるでしょう。また、より効率的に業務が遂行できるようなシステムを構築して組織全体に展開したり、ミスややり直しがないよう、安全に業務を遂行できるようなしくみを導入しておくことも、業務マネジメントの一つです。

業務マネジメントの対象は、日々の実務に直結するような課題から、中長期にわたる組織全体の目的遂行に至るまで幅広いです。業務マネジメントでは、パフォーマンス最大化、人材育成、職場づくりの要素が重要な役割を果たします。計画段階でこれらの要素やリスクの見通しをつけておくことで、多様な課題解決や目的達成に寄与するとともに、コストダウンにつなげることもできます。

▶ 対人援助業務に必要なマネジメントスキル

組織として効率的に対人援助を継続していくためには、介護や看護等の専門知識・技術、観察力・判断力、業務遂行力、コーチング（教育・指導）スキル、コミュニケーションスキル、サービス・チーム改善推進力、多職種連携力など、多様な業務マネジメントのスキルが要求されます。

また、事業所の業務全体をマネジメントするためには、各従業員のキャリアパス（目標とする職務に必要なスキルや工程）の検討などを行うことも求められます（➡P.177）。

業務マネジメントの進め方 図

業務マネジメントの三つのステップ

資源 INPUT → **過程 PROCESS** → **結果 OUTPUT**

人的資源、物理的資源、財務資源などを効率的に配置し、業務に最適な状態を整える

◎具体的な取り組み（例）
- [x] スタッフの割り振り
- [x] タスクの整理
- [x] 業務リストの作成
- [x] 移動手段の確保

業務のプロセスを明確にし、実施し、継続的に改善する

◎具体的な取り組み（例）
- [x] 進捗チェック
- [x] 目標の確認・見直し
- [x] 納期調整

業務の成果を検証し、目標達成度を評価する

◎具体的な取り組み（例）
- [x] 納期チェック
- [x] サービス品質チェック
- [x] 顧客満足度調査

業務マネジメントの三つの要素

①パフォーマンス最大化

組織、チーム、または個人のパフォーマンスを最大化するために、戦略・プロセス設計、実施、管理を行う

②人材育成

スタッフのスキルや能力の開発を通じて、組織全体のパフォーマンスを向上する

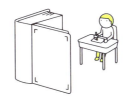

③職場づくり

効率的かつ効果的に業務を遂行できる環境を整える

09 業務マネジメント

10 コストマネジメント

▍コストマネジメントとは

コストマネジメントとは、経営資源としてのコストを有効に管理し、活用することをいいます。単なるコスト削減策ではなく、「どのようなときに、そのコストが発生するのか」「何を行うと、そのコストが発生するのか」という**コストの発生原因に着目し、分析し、管理する**というニュアンスで用いられます。

コストマネジメントは、組織が資源を効果的に活用し、利益を最大化するためのコスト管理のプロセスです。組織の財務健全性を保ち、競争力を維持する上で重要です。その方法としては、**損益分岐点**の分析や**ABC分析**などがあります。損益分岐点とは、売上（プラス）と費用（マイナス）が交わる点で、赤字と黒字の境界になります。またABC分析は、複数存在するサービスのうち、優先順位の高いものに経営資源を投入するための分析手法です。

▍対人援助職におけるコストマネジメント

コストを検討する際、変動費と固定費に分けて考えますが、まずは**固定費（人件費、家賃、光熱費など）についての適性化を図る**ことが先決です。

変動費は忙しい時期ほど増加しますが、固定費についてはほぼ一定のラインを保つため、なるべく低く抑えることで損益分岐点を低くでき、安定経営につながります。例えば、固定費への影響が大きな人件費については、繁忙期と、そうではない時期における従業員の稼働率を調整することで、残業代などのコストを抑制できて効果的です。対人援助の仕事は、利潤追求だけにとらわれない事業だからこそ、必要な経費をいかに抑制し、効率的に進めていくかというコスト意識が非常に重要です。

損益分岐点とABC分析 図

損益分岐点

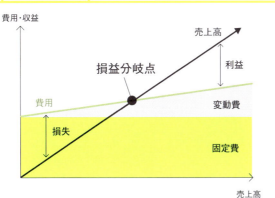

損益分岐点 = 固定費 ÷ 限界利益率

※限界利益 = 売上高 − 変動費
※限界利益率（%）= 限界利益 ÷ 売上高 × 100

固定費
販売量にかかわらず変わらない費用
　例　人件費、家賃、光熱費など

販売価格
製品またはサービスの販売価格

変動費
製品を生産するのにかかる変動する費用
　例　材料費、外注費など

損益分岐点を売り上げ高が越えれば黒字、越えなければ赤字となります。

ABC分析

製品やサービスを重要度に基づいて分類し、資源の配分を最適化する分析手法。
需要の多いサービスの優先度を上げて管理する一方で、
それほどでないものには注力せずにバランスをとる

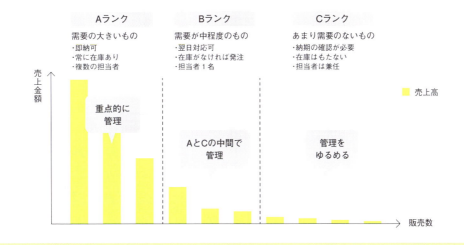

Aランク　需要の大きいもの
・即納可
・常に在庫あり
・複数の担当者
→ 重点的に管理

Bランク　需要が中程度のもの
・翌日対応可
・在庫がなければ発注
・担当者1名
→ AとCの中間で管理

Cランク　あまり需要のないもの
・納期の確認が必要
・在庫はもたない
・担当者は兼任
→ 管理をゆるめる

10　コストマネジメント

11 品質マネジメント

▶品質マネジメントとは

品質マネジメントとは、サービスの品質面において、要求された水準に達していることを保証する管理手法、あるいは望ましい品質のモノやサービスを提供するための組織のしくみのことです。

　品質マネジメントの基本は、定期的にチェックを行い、安定したサービスの質を保つことです。品質マネジメントには、基本の7原則があります。具体的には、①顧客重視、②リーダーシップ、③人々の積極的参加、④プロセスアプローチ、⑤改善、⑥客観的事実に基づく意思決定、⑦関係性管理の七つをさします。これらを基準として、組織の品質管理を行うことが重要です。

▶対人援助職における品質マネジメント

　対人援助職においても、**顧客満足度による品質評価**は重要です。一人ひとり異なる経験や価値観をもつ利用者に対し、常に満足してもらえるようなサービスを提供することは簡単ではありません。

　しかしながら、そのようななかで品質向上を図る試みこそが、**事業所のアドバンテージにつながる**ことも少なくないでしょう。品質低下への予防策も含め、さまざまな状況を想定した策を検討しておきましょう。

　顧客満足度を調査する方法としては、例えばサービス品質向上のための利用者アンケートや、関連する事業者に対する業務満足度アンケートなどが考えられます。これらを通じて、日頃の業務や運営に関する客観的な評価を得るとともに、課題の抽出を行うことで、今後対応すべきポイントを明確にできます。

品質マネジメントの考え方 図

品質マネジメントの基本

品質マネジメント……よい品質のモノやサービスを提供するためのしくみ

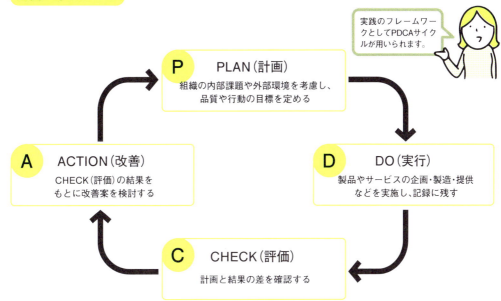

実践のフレームワークとしてPDCAサイクルが用いられます。

P PLAN（計画） 組織の内部課題や外部環境を考慮し、品質や行動の目標を定める

D DO（実行） 製品やサービスの企画・製造・提供などを実施し、記録に残す

C CHECK（評価） 計画と結果の差を確認する

A ACTION（改善） CHECK（評価）の結果をもとに改善案を検討する

品質マネジメントの7原則

	原則	概要
1	顧客重視	顧客満足度の向上に努める
2	リーダーシップ	方針・目的・目標の認識を共有し、組織を成長へと導く
3	人々の積極的参加	力量のある積極的な人へ権限を与える
4	プロセスアプローチ	PDCAサイクルで、インプットをアウトプットに変換する活動としてマネジメント（管理）する
5	改善	必要に応じて課題を改善し、さらなる成長に努める
6	客観的事実に基づく意思決定	データや情報など数値に基づいた分析と評価をして最終的に判断する
7	関係性管理	原料提供など供給側の組織（利害関係者）とお互いによりよい協力関係を構築する

11 品質マネジメント

12 マーケティング・マネジメント

▸ マーケティング・マネジメントとは
マーケティング・マネジメントとは、市場や顧客動向に着目した上で、組織のサービスをいかに顧客に知らせ、届けるかを戦略的に検討するマネジメント手法です。

　急激な社会の変化が続く現代においては、過去の成功体験とは異なる、現時点での社会情勢に適合したマーケティング手法が求められます。特に、SNS（Social Networking System）をはじめとする**インターネットを活用した市場開拓**は、これからのマーケティング・マネジメントに欠かせません。そのためには、ビッグデータよる利用者ニーズの分析や、顧客生涯価値（Lifetime Value）の向上などを検討するとともに、ダイレクトマーケティング（個別メール送信やソーシャルメディアでのターゲット向け告知）などをうまく利用していくことも求められます。

▸ 対人援助職にとってのマーケティング・マネジメント
　対人援助職におけるマーケティングとは「よりよいサービスを適正な価格で、最適な経路で利用者に提供するための諸活動」とも考えられます。顧客動向を意識的に収集するとともに、自組織の強みを活かしたブランド戦略なども立案していくことで、より顧客のニーズに合ったサービス提供につながるでしょう。

　また、マーケティング・マネジメントに必要な視点の一つとして、競合他社のサービス動向の調査があげられます。サービスの種類だけではなく、価格帯や利用者の属性、差別化できるポイントなどを具体的にリストアップすることで、客観的な視点で自社サービスとの比較を行うことができます。さらに、WEBやSNSなどを活用して利用者評価などをチェックすることも重要です。

マーケティング・マネジメント 図

マーケティング・マネジメントの基本プロセス

Step 1 市場調査・分析を行い、戦略を計画する

市場、競合、顧客、自社の製品やサービスの状況などを理解するための情報を収集し、分析する。SNSをはじめとするインターネットを活用した市場開拓や、ビッグデータを用いた利用者ニーズの分析、顧客生涯価値の向上策などについても計画する

Step 2 計画の実施

Step1で計画した戦略に基づき、ダイレクトマーケティングなどの取り組みを行い、顧客との接点をつくり出す

Step 3 実施効果の評価

Step2で実施した内容について、問題点や改善点を洗い出し、実施効果を評価する

対人援助職とマーケティング・マネジメント

利用者が抱える
ニーズは何か

利用者のニーズに
応えられるサービスは何か

戦略に落とし込む
（＝マーケティング・マネジメント）

どうすれば組織の
利益につながるか

12 マーケティング・マネジメント

13 イノベーション・マネジメント

▶ イノベーション・マネジメントとは

　イノベーションに適した状況をつくり出すために必要な活動を管理することを**イノベーション・マネジメント**といいます。
　「イノベーション」とは、モノや組織、サービス、ビジネスモデルなどに革新的な考え方や技術を取り入れることで、これまでにないような価値を創り出すことをさします。イノベーションは、通常、学習サイクルで成り立つとされており、試行し修正しながら進歩する、という循環を軸にマネジメントを行うことで、イノベーションに適した状況が生まれやすくなるとされています。
　ただし、通常の業務マネジメントなどと比較すると、イノベーション・マネジメントは前例のないやり方で進めていくために、**不確実性や不透明性が非常に高くなります**。社会情勢や業界動向などを含め、管理職は常に最新の知識や情報を取り入れていけるよう努めることが求められます。

▶ 対人援助職におけるイノベーション・マネジメント

　社会環境の変化に合わせ、既存サービスを深掘りすることに加え、**将来的なビジョンとして、新たなアイデアで新サービスを創造していくこと**が必要でしょう。例えば、地域の課題に対応するための地域コミュニティをつくったり、医療、教育、福祉などの異なる分野の資源を結びつけ、新たな社会資源をつくり出したりすることが考えられます。また、インターネットやIT技術を用いたサービスを行っている事業者と連携することなどが、将来的に必要とされるサービスの展開につながることもあるかもしれません。

イノベーション・マネジメントの6ステップ　図

Step 1 市場調査
現状に関する調査、分析を行う

Step 2 市場細分化
セグメンテーション（顧客層やニーズなどで分類）を行う

Step 3 市場選定
どのような顧客に対処にするか決定する

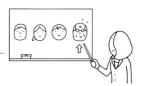

Step 4 ポジショニング
同業種のなかでどのような強みを発揮するかを決定する

Step 5 マーケティング・ミックス
4P（製品／サービス、販売ルート、価格、プロモーション）の分析を行う

Step 6 マーケティングの実行・評価
Step1〜5を実施の上サービス提供を行い、結果を調査・分析して次につなげる

13 イノベーション・マネジメント

14 環境マネジメントシステム

環境マネジメントシステムとは

環境マネジメントシステムとは、組織運営や経営のなかで自主的に環境保全に関する取り組みを進めるにあたり、**環境に関する方針や目標を自ら設定し、これらの達成に向けて取り組んでいくこと**をさします。また、こうした自主的な環境管理の取り組み状況について、客観的な立場からチェックを行うことを**環境監査**といいます。

グローバルな課題となっている地球環境問題に対応し、持続可能な発展をしていくことは、社会全体に対する責任でもあり、幅広い組織や事業者による積極的な取り組みが期待されています。

代表的な環境マネジメントシステムには、環境省が策定したCO_2排出量や廃水・廃棄物の削減に関する規定「エコアクション21」や、地球環境への配慮を定めた国際規格「ISO14001」などがあります。

福祉施設等における環境マネジメントシステム導入のメリット

環境に対する意識が社会全体に急速に高まっている現在、**環境にやさしいサービスを提供していくことは、将来への見通しを含め、利用者ニーズに適応した動き**であるといえるでしょう。今後、環境保全に対するさまざまな規制が強化されることも予想されるため、事業運営全体を通して、環境マネジメントへの体系的な取り組みが必要となってきます。

例えば、自然エネルギーの活用や、リユース、リサイクルなどの視点をサービス内で明確にしていくなど、できるところから環境を意識し、宣言して行動していくことで、利用者にも環境問題への対応方針が理解されやすくなるでしょう。

環境マネジメントシステムとPDCAサイクル 図

内部および外部の問題

内部の問題
・組織の文化
・リソース(財務、人的、技術など)
ほか

外部の問題
・法等による要件
・社会・文化的要因
ほか

利害関係者のニーズおよび期待

顧客
・環境配慮への期待

従業員
・安全かつ健康的な労働環境等への期待

投資家
・環境リスク管理と実践への期待　ほか

P PLAN(計画)
・環境方針の設定
・環境目標と、それを達成するための戦略や計画の設定

D DO(実行)
・新しい技術の導入
・従業員への環境教育　など

C CHECK(評価)
・内部環境監査
・外部更新審査など

A ACTION(改善)
・問題点の特定
・プロセスの最適化
・新たな目標の設定

ISO規格の取得・維持には、社内担当者による内部監査と、外部の専門機関による定期的な審査が必要です。

意図した成果(例)

規制への対応

コストダウン

企業イメージ向上 UP

14 環境マネジメントシステム　29

15 デジタル・トランスフォーメーション

デジタル・トランスフォーメーションとは

　組織が、ビッグデータなどのデータと、**AI（人工知能）**や**IoT（モノのインターネット）**をはじめとするデジタル技術を活用して、業務プロセスを改善していくだけでなく、製品やサービス、ビジネスモデルそのものを変革するとともに、組織、企業文化、風土をも改革し、競争上の優位性を確立することを**デジタル・トランスフォーメーション（DX）**といいます。

　なお、この略語が「DX」である理由は、英語圏で接頭辞「Trans」を「X」と表記する慣習に由来します。「Trans」には「～を横断する」という意味があり、同義語の「Cross」の略称として「X」が使われることがあります。

　これまでに企業が実施してきた情報化・デジタル化（デジタル技術を用いた単純な省人化、自動化、効率化、最適化）は、アナログからデジタルへのシフトが主な目的でした。それに対して、社会の根本的な変化のなか、既成概念の破壊を伴いながら新たな価値を創出するための改革がデジタル・トランスフォーメーションです。また、デジタル・トランスフォーメーションは、あくまで企業が特定の目的を達成するための手段であり、それ自体を目的とするものではない点に注意しましょう。

対人援助職におけるデジタル・トランスフォーメーション

　既存のアナログデータのデジタル化をはじめ、クラウドサービスを前提に、さまざまなサービス開発を行っていくことが肝要でしょう。今後はDX化を目指して、インターネット経由での支援サービスなども視野に入れていくことは欠かせません。

デジタル技術の導入　図

デジタル変革の手法

| デジタイゼーション | デジタライゼーション | デジタル・トランスフォーメーション |

- 紙の書類などアナログな情報をデジタル化
- デジタル技術を使用してビジネスプロセスや業務を変革する
- デジタル技術を取り入れて、業務プロセス・企業文化の革新、競争力強化、顧客体験向上等につなげる

アナログからデジタルへのシフトが主な目的 ／ 既成概念を破壊し、新たな価値を創出することが主な目的

デジタル技術の例

AI（人工知能）

人間の学習、推論、認識などの知的行動を行うコンピュータシステム

例
- 自動運転技術
- 音声アシスタント

IoT（Internet of Things／モノのインターネット）

デバイス（家電から工業機械までさまざまな機器）をインターネットに接続し、遠隔操作や自動化、モニター等を可能とすること

例
- ウェアラブルデバイス（スマートウォッチ等）
- スマート照明
- スマートロック

生成AI

既存のデータをもとに文章や画像、音楽などの新しいデータを生成することができる人工知能技術

例
- ChatGPT
- Copilot（コパイロット）

15　デジタル・トランスフォーメーション

16 リスクマネジメント

リスクマネジメントとは

　リスクマネジメントとは、組織を取り巻くリスク（危険性）を網羅的に把握し、重要と思われるものを抽出した上で対応策を講じる**事前策**と、リスクが顕在化したときの緊急時対応である**事後策**（クライシスマネジメントや危機管理ともいわれます）を併せたものをいいます。

　リスクマネジメントで想定されるリスクには、**①費用・利益リスク、②財産リスク、③人的リスク、④賠償責任リスク**があります。①は、経営状態や社会情勢による収益の変動に対応できるよう、日頃から財務状態を健全に保ち続けることで回避できます。また、②は、地震や台風などの自然災害発生時や、コロナ禍等の感染症流行などについて、発生自体は避けられなくても、その影響を最小限に抑止するよう、備えを整えておくことが重要です。③は従業員の病気や事故などが相当します。日頃から最小限の人数で業務を回せるよう、工夫しておくことが奏功します。④については、個人情報の流出や著作権侵害などのヒューマンエラーをはじめとした対人リスクです。相手側への謝罪や賠償責任なども含め、法的責任関係の専門職を交え、対策を講じておきましょう。

対人援助職におけるリスクマネジメント

　対人援助職にとってリスクマネジメントは優先順位の高いマネジメントの一つです。**常に利用者の安全を第一に考え、利用者自身の健康管理から自然災害や感染症対策、従業員不在時の対応まで、幅広い視野でのリスクマネジメントが必要**です。さらに特定の担当者だけでなく、すべての従業員が情報共有し、いつでも対応できるような体制を整えておくことが求められます。

リスクマネジメントの流れ　図

想定されるリスクの種類

1 費用・利益リスク	2 財産リスク	3 人的リスク	4 賠償責任リスク
収益減少・増加など	自然災害や人的災害(盗難等)など	従業員の病気や事故など	個人情報流出、著作権侵害など

投機的リスク（1）　　純粋リスク（2・3・4）

リスクマネジメントの4ステップ

リスクの特定
具体的にどのようなリスクが発生する(した)か
詳細な情報確認やヒアリングを行い、想定されるリスクの洗い出し、特定を行う

リスクの分析
リスクの性質を具体的に分析する
数値化できる「定量的リスク」(例：災害発生時の事業所の損傷リスク)と、数値では表しにくい「定性的リスク」(例：利用者からのクレーム)を分けて考え、影響の大きさを想定する

リスクの評価
組織や利用者に対してどのような影響があるか
複数のリスクが存在する場合には、影響度と発生確率の高い優先順位の高いものを抽出する

リスクへの対応
リスクへの対策を講じる
リスクによる影響を最小限に抑える「リスクコントロール」と発生時の被害補填を行う「リスクファイナンシング」がある

16　リスクマネジメント

第1章参考文献

- P・ドラッカー『マネジメント[エッセンシャル版]－基本と原則』ダイヤモンド社、2001.
- 入山章栄『界標準の経営理論』ダイヤモンド社、2019.
- 経済産業省「人的資本経営　～人材の価値を最大限に引き出す～」https://www.meti.go.jp/policy/economy/jinteki_shihon/index.html（最終アクセス2024年9月15日）

第 2 章

人材マネジメント

01 リーダーシップ

リーダーとリーダーシップ

　リーダーとは、**集団の先頭で人々を導く役割であり、リーダーシップとはそのスキル**をさします。**P・ドラッカー**は「リーダーに関する唯一の定義は、つき従う者がいるということである」と定義しています。つまり、**リーダーはスキルに関係なく先導する役割をもった者**であるということです。

　また、リーダーシップの定義は「方向性を決め、目標を設定し、資源を配分し、人々を行動に移すこと」ともいわれます。このことから、リーダーシップとは単なる指示や命令ではなく、目指すべき方向性を示すとともに、そこに至るまでの戦略を組み立てたり、必要な資源を分配したりしながら、人々が共通の目標に向かって努力するための環境を整えることであるといえるでしょう。

状況に応じたリーダーシップ

　リーダーシップ論にはさまざまなものが存在し、状況やニーズに応じて適切なアプローチが要求されます。例えば、R・ハウスによる**「パス＝ゴール理論」**では、リーダーシップの本質を「メンバーが目標（ゴール）を達成するためには、リーダーはどのような道筋（パス）を通ればよいかを示すことである」としています。この理論では、**リーダーシップの形を指示型・支援型・参加型・達成型の四つに分類**しました。

　またM・マッコールは「リーダーシップはうまれつきのものでなく、いくつかの資質の下で成功や失敗を経験して体得していくものである」としています。将来的に事業所を任せられる可能性のある若いスタッフに対しては、重点的にリーダーシップを発揮する機会などを設けていくことも、組織の利益へとつながるでしょう。

リーダーシップとパス＝ゴール理論 図

リーダーとリーダーシップ

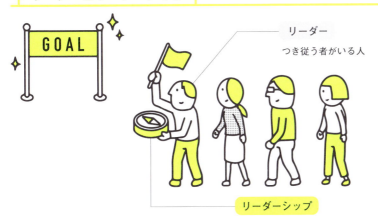

リーダー：つき従う者がいる人

リーダーシップ：方向性を決め、目標を設定し、資源を配分し、人々を行動に移すこと

パス＝ゴール理論

リーダーシップの四つの型

指示型リーダーシップ
課題思考が高く、メンバーに期待するものを明確に示し、達成方法を具体的に指示する

支援型リーダーシップ
相互信頼をベースに、メンバーの提案を尊重し、個人の感情に配慮して気づかう

参加型リーダーシップ
決断における意思決定をメンバーに相談し、提案を採択する

達成型リーダーシップ
困難な目標を設定し、全力を尽くすように求める

部下の特性
・業務の習熟度・経験
・自立性
・能力
など

↓影響

パス（経路）

↑影響

環境要因
・組織文化
・経営体制
・業務の難易度
・仕事の性質
など

成果
業績や報酬
など

01 リーダーシップ

02 フォロワーシップ

フォロワーの役割

　チームでは、リーダーのサポート役を担うフォロワーの存在が重要です。フォロワーは先導していくリーダーにつき従う存在としてそこにいるだけでなく、チームの成果を最大化させるために、**自律的・主体的にリーダーにはたらきかけて支援する役割や、それ以外のメンバーもリーダーに追従していけるよう、つないでいく役割**を担います。リーダーが組織の使命や経営理念（価値観）を提示しても、メンバーがそれを理解し、納得していないとリーダーについていくことはできません。そのように、リーダーの方針からこぼれそうな存在にも目配りし、皆がリーダーの示す方法に向けて進んでいけるようなサポートを行います。

　フォロワーには、①模範的フォロワー、②孤立的フォロワー、③順応的フォロワー、④実務的フォロワー、⑤消極的フォロワーの五つのタイプがあるといわれています。

フォロワーシップが生み出す効果

　フォロワーシップが発揮された組織やチームでは、メンバーが自然とリーダーと同じような目線に立ち、自発的に行動するようになります。その結果、**メンバー一人ひとりが生き生きと仕事に取り組むようになり、生産性の向上や業績アップも期待できる**という好循環が生まれます。

　また、フォロワーシップが強固になることで、リーダーの間違いを指摘したり、場合によってはリーダーの役割を分担して行うこともできるようになります。このようにリーダーが柔軟に自身の役割を果たせるようになると、組織としての安定感も向上し、働きやすい職場がつくりあげられます。

フォロワータイプ 図

五つのフォロワータイプ

	フォロワータイプ	特徴
1	模範的フォロワー	リーダーの意見に対する建設的な批判や、新たな提案を行い、効果的なリーダーシップに寄与する
2	孤立的フォロワー	リーダーの言動に対して建設的な批判や提言を行うが、チームへの貢献意欲は低い
3	順応的フォロワー	リーダーやチームの指示に従った行動を行うが、主体的な貢献意欲は低い
4	実務的フォロワー	自分の役割や実務を主体に考え、リーダーやチームに対しての貢献意欲は低い
5	消極的フォロワー	自分の役割や実務を含め、リーダーやチームに対して貢献しようとする意欲は低い

五つのフォロワータイプの相関

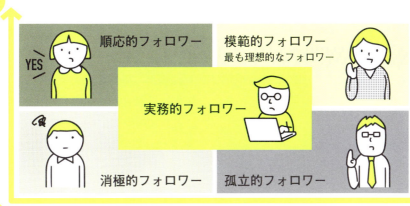

03 チームビルディング

生産性の高いチームをつくる

チームビルディングとは、組織のメンバーの能力や経験を最大限に引き出し、チームのパフォーマンスを向上させるための取り組みです。日本語では「チームをつくる」という意味で用いられ、チームづくりを行う方法や、そのために実施するワークやプログラム、研修、業務コミュニケーションなどを含めた意味をもちます。

チームビルディングの5段階（タックマンモデル）

チームビルディングの手法としては、アメリカの心理学者であるB・タックマンが提唱した**「タックマンモデル」**が有名です。チームが形成されてから起こる変化を形成期～散会期までの5段階に分けてとらえた概念で、各ステージにおけるチームの役割が明確に示されています。このタックマンモデルによって、現在のチームがどのような段階におかれているのかを知り、必要なアクションや役割分担を検討することができます。

タックマンモデルでは、組織を客観的に見ることができるため、メンバーが自分の役割を前向きにとらえやすくなる効果があります。また、各段階の目的と課題を理解しておくことで、次のステージに進んだときに必要となる資源の準備や心づもりをしておくことも可能です。

混乱期などの難しいステージにおいては、リーダーがチームの明確な目標を設定するとともに、個人の役割もはっきりさせることが重要になってきます。時には議論も行いつつ、それぞれのメンバーが納得し、理解できる目標を設定することで、それぞれが自身の課題に向き合えるようになり、チームとしてのパフォーマンスを維持しやすくなります。

タックマンモデルの5段階 図

形成期
チームが形成されたばかりの時期

それぞれがバラバラな方向を向いている

必要な取り組み

例 オリエンテーションイベントを通じて、メンバー同士の理解を深める

混乱期
メンバー同士のぶつかり合いが発生する時期

チームが形成される一方で衝突も生まれる

必要な取り組み

例 定期的なミーティングなど、自由にオープンな会話ができる場を設定する

統一期
共通ルールが形成される時期

共通ルールの下で統率がとれ始める

必要な取り組み

例 チームのルールを設定する、目標を設定して定期的に進捗を確認する

機能期
チームとして成果を発揮する時期

チームとして成果を出す

必要な取り組み

例 個々あるいはチームの成果を評価し、フィードバックを通じて取り組みの改善を図る

散会期
チームとしての役割を終了して解散する時期

チームが解散する

必要な取り組み

例 メンバーに感謝を示し、次のステップに進む準備を行う

04 従業員エンゲージメント

従業員エンゲージメントとは
　組織に対して、従業員が自分から積極的にかかわり、行動する意欲が高い状態のことを**従業員エンゲージメント**と呼びます。行動、情緒、思考のそれぞれの面において、高い熱意で取り組むことで、組織との相互作用が生まれ、お互いの成長に結びつくとされています。従業員エンゲージメントを高めるために必要なのは、**仕事の魅力度を高める**ことです。J・ハックマン＆G・オールダムの**職業特性モデル**では、仕事の裁量権とフィードバックがエンゲージメントに大きく影響することが示されています。

従業員エンゲージメントの高さが組織の価値を左右する
　従業員エンゲージメントは、**①既存事業の生産性、②事業構造の転換、③離職率**に影響を及ぼします。
　まず組織の主軸となっている事業に対し、社会環境の変化や顧客ニーズに合わせて改善すべき点などを洗い出し、現場で活躍する従業員の声を取り入れ、スピーディに改善に結びつけることで既存事業の生産性が高まります。
　また、現時点で求められる事業にフォーカスして、フットワークよく対応ができる（事業構造を転換できる）組織においては、従業員エンゲージメントが高まるでしょう。
　さらに、仕事の魅力度が高いほど離職率が下がり、従業員の定着率に好影響をもたらします。逆に、エンゲージメントの低い組織では、従業員のモチベーションが奪われ、優秀な人材が流出し、業績に負のインパクトを与えます。従業員エンゲージメントは組織の業績にも影響するといわれており、組織全体の価値にもかかわる大きな要素の一つといえるでしょう。

職業特性モデルと従業員エンゲージメント　図

職業特性モデル

職業特性モデル ……「仕事の特性」が人の「やる気」に関連するという考え方

五つの要素で構成される

1　技能の多様性（Skill Variety）
仕事に自分がもつ多様なスキルや才能を活かすことができる
効果　単調ではない仕事は、仕事に対する関心やモチベーションを高める

2　職務の完結性（Task Identity）
始めから終わりまでを理解して、かかわることができる
効果　一貫してかかわる仕事は、責任感や達成感を高める

3　職務の有意義性（Task Significance）
仕事が生活や社会に与える影響の大きさ
効果　社会的意義のある仕事は、自己効力感や自己肯定感を高める

4　裁量権（Autonomy）
自分の仕事を自分の裁量で進められる
効果　自分でコントロールできる仕事は、仕事に対する充実感を高める

5　フィードバック（Feedback）
自分の仕事の結果を把握することができる
効果　成果を理解しやすい仕事は、成功体験につながりやすい

従業員エンゲージメントを高めるために必要な五つの要素

1	経営理念の共有	組織のミッションを共有し、協力し合って進んでいくことが明確に示されている
2	適切な待遇	それぞれの貢献度に合わせて、給与や待遇、職位等が適切に与えられている
3	承認する文化	一人ひとりのスタッフの行動や存在が承認され、本人があるべき姿に沿って進んでいける
4	成長を促す施策	能力開発や専門性の向上に対して協力的であり、個々のキャリアアップを促進している
5	心理的安全性	誰もが自分らしく存在でき、自由な発言や行動をすることによって生産性に寄与できる環境である

04　従業員エンゲージメント

05 目標設定（KPIとKGI）

▶ 効果を検証できる目標設定

　KPI（Key Performance Indicator）とは**「重要業績評価指標」**のことで、客観的に業績を評価し、管理するための定量的な指標です。同様の指標にKGI（Key Goal Indicator）があり、こちらは**「重要目標達成指標」**と呼ばれます。KPIが目標達成のための中間指標であるのに対し、KGIは結果を表わす指標です。

　KPIによる目標設定を行うことで、定期的に的確な業績評価を行うことができ、目標達成に向けたプロセスの進捗管理に役立つため、**ビジネス分野では、経営戦略から従業員ごとの業務管理に至るまで幅広く活用されています**。特に対人援助職においては、常に個々のクライエントの満足度を担保するために、人的資源を適切に管理することが求められるため、目標への取り組みに対する定期的な検証が重要となります。

▶ KPIで扱う項目

　業務指標としてKPIを活用することで、**活動指針が明確になり、目標達成に向けたプロセスを可視化・共有できる、また従業員の取り組みに対して公平な評価ができる**などのメリットがあります。

　KPIで扱う項目を決める際は、計測可能で数値化できる指標を選ぶことと、業務改善の指標となるレベルまで細分化することを心がけましょう。例えば、利用者アンケートを行う場合には、個別に数値化できるような項目設定（満足度の5段階調査など）を行い、設問の内容も行動レベルに活かしやすいもの（具体的なサービス名称、個別のスタッフへの意見など）をあげていくことがポイントです。

　また、KPIは、**SMARTの法則**の五つの観点を満たす必要があります。

KPIとSMARTの法則 　図

KPIとKGI

現在 → プロセス → ゴール

KPIは短期目標、KGIは長期目標です。

KPI（重要業績評価指標）
例 月の新規依頼件数
5件

KGI（重要目標達成指標）
例 来年度の新規依頼件数
60件

SMARTの法則

- Specific（明確である）
- Measurable（測定可能である）
- Achievable（達成可能である）
- Relevant（ほかの目標と関連がある）
- Time-bound（いつまでに達成するか）

SMARTの法則に即した目標（例）
今年度中に、新規依頼件数を前年比で10％増加させる

- S 今年度中に新規依頼件数を増やすことは具体的な目標といえる
- M 「10％増」という数値目標が設定されており、定期的に進捗を測定できる
- A 市場の状況やリソースを考慮した上で現実的な目標である
- R 事業成長を促進するなど、事業所の掲げる方針に合致する
- T 目標達成期限が「今年度中」と明確である

05 目標設定（KPIとKGI）　45

06 モチベーション

モチベーションとは
モチベーションとは、人が目標や対象・方向に向かって行動を起こし、それを維持するための原動力・動機・やる気となるような目的やきっかけのことです。ビジネス場面においては、業務に対する動機づけのことをさします。

モチベーションを上げるには
従業員のモチベーションが上がることで、組織全体の活性化や生産性の向上などさまざまなプラスの効果が見込めます。モチベーションには、**内発的動機づけ**と**外発的動機づけ**の2種類があります。

内発的動機づけとは、自分の内部から湧き上がってくるやる気のことで、実際に行動を起こし、成果を上げることで満足につながります。

一方、外発的動機づけは、自分の外部からごほうびをもらう目的で行動を起こす気持ちをさし、報酬やボーナス、昇進などがモチベーションのきっかけになります。内発的動機づけで達成した事項に対して、外部のごほうびを与えてしまうと、期待とは違う成果となり、モチベーションの消失につながることもあるので注意しましょう。

モチベーションを上げる方法としては、①人事評価制度の見直し、②職場環境の改善、③職場ルールの明確化、④個々の成長への支援などが考えられます。

望ましい人間関係や職場環境の整備によって、スタッフのモチベーションを刺激し、動機づけが起こるような仕掛けを行うことは、職場マネジメントの大きな役割の一つです。一方的にきっかけを設定するだけでなく、スタッフの声を聞き、どのようなニーズに応えることが内発的動機づけに寄与するのかをしっかり把握しましょう。

モチベーションを上げる方法 図

内発的動機づけと外発的動機づけ

内発的動機づけ

やる気　希望　目標達成

外発的動機づけ

ほめられる　昇進　金銭

ごほうびを期待

モチベーションを上げる方法

☑ 人事評価制度の見直し	☑ 職場の清潔さや快適さの改善	☑ 職場のルールの明確化	☑ 個々が希望する成長経験の支援

↓	↓	↓	↓
評価基準が明確になることで、どのような取り組みが評価されるのかがわかり、チャレンジへの意欲が高まる	・仕事以外の要素に惑わされず、集中して業務に取り組みやすくなる ・整理整頓が行き届くと、探し物等に思考を中断されずに仕事が捗る	職場全体の方針をはじめ、業務それぞれの担当や責任者を明確にすることで、達成基準がわかりやすくなり、やる気が起きやすくなる	自身の能力を伸ばすことで業務への手応えも確実になってくるため、モチベーションの生起につながりやすくなる

06 モチベーション

07 ティーチング

教える意味

ティーチングとは、知識や経験が豊富な人が相手に対して、知識やノウハウを伝える指導方法です。1対1で行う場合や、多数の人が集合して行う場合など、さまざまなパターンがあります。ティーチングでは、教える側が単純にスキルや知識を教えるだけでなく、**教わる側の学ぼうとする姿勢が必須**です。そのためには、教える側が教わる側との信頼関係を築き、「この人の言うとおりに行動しても大丈夫」と納得してもらうことも必要でしょう。**一方的に教えるのではなく、時にはほめ言葉をかけるなど、相手の反応を見つつ、モチベーションを保ちながら実施する**ことも大切です。

ティーチングの役割

ティーチングには、①教える、②アドバイスする、③気づきを与えるという三つの役割があります。

まず**「①教える」**ときは、**実際にやって見せると同時に、なぜそれをやるのか、どんな価値があるのかを伝える**ことが重要です。併せて、うまくやるための工夫や、失敗したときに挽回する方法なども伝えていくと、不安への予防線を張ることもできます。

「②アドバイスする」際は、教わったことを実践した相手に、どんなところで困っているのか、どのようにやってみたのかを聞くなかで、うまくいく方法について、**これまでの経験等を含めてアドバイス**していきます。

「③気づきを与える」場合は、**相手が自発的に次にとるべきアクションを見出すよう促す**ことがポイントです。押しつけではなく、タイミングを見計らって言葉かけをするような配慮も必要になるでしょう。

ティーチングの実践 図

ティーチングにおける土台

ティーチングの土台③
モチベーションの維持
（ほめるなど）

「チームの一員としてすばらしいサポートをしていますね」

ティーチングの土台①
信頼関係の構築

ティーチングの土台②
教わる側の納得感

「この人の言うとおりに行動しても大丈夫」

ティーチングの三つの役割

| ①教える | ②アドバイスする | ③気づきを与える |

実践のポイント
- ☑ 実際にやってみせる
- ☑ 必要な理由を説明する
- ☑ 不安への予防線を張る

例 （パソコンを操作しながら）まずは、このシステムで利用者の健康状態や要介護度などの情報を入力します。これがあると〜

実践のポイント
- ☑ 困っている点を尋ねる
- ☑ うまくいく方法をアドバイスする

例 利用者の経済的な情報を尋ねるのが難しいのですね。そういうときには、介護サービスの利用費用に関して具体的な説明をして〜

実践のポイント
- ☑ 次にとるべきアクションを自発的に見出せるよう促す

例 モニタリングの際、どのようなアプローチをすれば利用者の意向をさらに引き出せるか、あなたなりに少し考えてみてはどうでしょうか？

07 ティーチング

08 コーチング

コーチングとは

コーチングとは、相手から答えを引き出す質問を投げかけたり、共感や傾聴の姿勢から気づきを与えたりする方法です。コーチングでは、指導者は「答えを与える」のではなく、**「答えを創り出す」サポート**を行います。この考え方は「答えはその人の中にある」というコーチングの原則に基づいています。

コーチングと混同しやすい人材マネジメント手法にティーチングがあります。ですが、これらは全く異なるアプローチです。ティーチングの場面で教えるのは、正解のある知識や情報です。これに対してコーチングでは、質問など問いかけることによって学びを得てもらうアプローチとなるため、答えは一つではありません。

コーチングは、相手に対して**「新しい気づきを与える」「視点を増やす」「考え方や行動の選択肢を増やす」「目標達成に必要な行動を促進する」といった効果**をもたらします。コーチングを受ける側は、自ら今後に向けての方針や改善方法を見極め、新たな行動を起こすためのきっかけを得ることができます。

コーチングの進め方

まずは相手の現状を整理し、課題となっている事柄を明確にします。次に、相手が望むゴールを決めます。なぜそのゴールを望むのか、理由も含めてできるだけ具体的に、**課題解決した時点の状況を明確に言語化**していきましょう。そして、目標達成のために必要な物理的資源や、知識や情報をあげていき、今後の進め方についてロードマップを作成します。いつまでに何を行うのか、それぞれのプロセスで何が得られるのかなどを、具体的に落とし込んでいきましょう。

コーチングとティーチング 図

コーチングとティーチング

	コーチング	ティーチング
目的	・相手の能力や可能性を引き出す ・内省を深め、自立性を高める	業務の進め方などに関する知識と技術を提供し、身につけさせる
利用場面	・個人的な目標を達成したいとき ・困難に直面し、その乗り越える方法を洞察したいとき	新たなスキルや専門知識を身につけたいとき
対象者	・自己成長を望む人 ・管理職やリーダー、マネージャー	・新入社員 ・若手社員 ・新任管理者
指導方法	コーチングする側、受ける側の双方向のやりとり	教える側から教わる側への一方通行のやりとり
主な成果	・相手の自己理解を深める ・個人がもつ可能性を広げる	・技術や知識、能力の向上

コーチングの進め方

1. 現状と課題の確認
現状と課題を明確にすること、客観的事実と主観的な状況を正確に分けることがポイント

2. 目標(ゴール)の決定
課題解決した時点の状況を具体的かつ明確に言語化する

3. 目標達成に必要な資源の明確化
目標達成のために必要な物理的資源や知識、情報を整理する

4. ロードマップの作成
今後の進め方やスケジュールを具体的に落とし込む

上司（コーチ）

何度も問いかける
答え・気づき

部下

08 コーチング

09 スーパービジョン

スーパービジョンとは

スーパービジョンとは、対人援助業務において、自分の担当しているケースについてその分野に詳しい第三者から助言や指導を受けることです。例えば、新人職員が施設長や管理者などの指導者から教育や指導を受ける過程などをさし、指導する側を**スーパーバイザー**、指導を受ける側を**スーパーバイジー**といいます。

スーパービジョンを行う際には、受ける側の気づきを重視します。そのため、一方的な指示や評価をくだすことがないよう気をつけましょう。相手の迷いや悩みに共感しながら必要に応じて適切なアドバイスを行い、不安を和らげることがポイントです。

スーパービジョンにはいくつかの種類があり、目的や状況に応じて使い分けることで、より効果を発揮することが期待できます。

スーパービジョンを受けるメリット

スーパービジョンを受ける側に必要な準備として、事前に自分にとっての課題を整理しておくことがあげられます。ケースの内容をただ伝えるだけではなく、目的に沿った支援ができたかどうか、その鍵となる部分はどこだったかなど、具体的なシーンを取り上げて、自分なりの考えやニーズを、事前に明確にしておきましょう。

またスーパービジョンを受ける際には、それぞれのケースを振り返り、事実と自分の考えを言語化してスーパーバイザーに伝えることにより、どのような支援を目指していて、どこが課題なのかを自分でも理解できるようになります。**グループスーパービジョン**や**ピアスーパービジョン**などを受ける場合には、同僚の考え方に刺激を受けたり、新たな視点に気づかされたりすることが自己成長のきっかけにもなります。

スーパービジョンの種類 図

1. 個別スーパービジョン

スーパーバイザーとスーパーバイジーが1対1で行う

- ◎メリット　個人的な成長や問題解決に焦点を当てて、詳細なフィードバックや指導を得られる
- ×デメリット　専門的なスーパーバイザーの確保が難しく、リソースやコストがかかる

2. グループスーパービジョン

一人のスーパーバイザーが複数のスーパーバイジーと行う

- ◎メリット　グループでの共感が生まれたり、多様な視点を学べる
- ×デメリット　周囲への遠慮が生まれたり、個々人への配慮が不足することがある

3. ピアスーパービジョン

スーパーバイジー同士が仲間（ピア）として、お互いの課題を一緒に振り返り、学び合う

- ◎メリット　親しみやすく、リラックスした状態でフィードバックを得られる
- ×デメリット　専門的なフィードバックを得にくい

4. ライブスーパービジョン

実践現場にスーパーバイザーが同席し、フィードバックや指導を得る

- ◎メリット　実際の業務のなかで具体的な助言が得られる
- ×デメリット　プレッシャーを感じやすく、スーパーバイザーの力量も問われる

5. セルフスーパービジョン

自分自身で行動や実践を振り返る

- ◎メリット　いつでも取り組むことができ、自己管理能力や自己認識を高められる
- ×デメリット　自己評価の偏りが生じる可能性がある。モチベーションを継続しづらい

10 メンタリング

メンタリングとは

メンタリングとは、人材育成手法の一つで、**指導する側（メンター）**と**指導される側（メンティー）**が1対1で対話を行い、メンティーの成長を支援するためのものです。新入職員に対して、業務だけでなく職場環境への慣れを促すために用いられることが多い手法です。

メンタリングの特徴は、<u>メンターとメンティーが対話を通して信頼関係を築いていく</u>ことです。1対1の関係性でコミュニケーションを行うため、個人的なことも含めて話しやすい関係性が築かれると、職場における安心感を醸成するためにも効果的です。また、対話のなかでメンティー自身が気づきを得ることで、成長を促進していくのにも役立ちます。

なお、具体的な業務についての指示・命令や、一方的なアドバイスはメンタリングでは行われません。そのため、メンターは直属の上司ではなく、メンティーが抱える悩みや課題を解決した経験をもつ先輩など、評価には無関係な人材が選出されます。

コーチングとの相違点

コーチングが「具体的な課題解決や目標達成」に焦点を当てているのに対して、メンタリングはメンティーの<u>「中長期的なキャリア形成上の悩みや課題」</u>に焦点を当てます。「中長期的なキャリア形成上の悩みや課題」は、メンティー自身がすでに自身の課題や悩みとして具体的に認識しているものから、漠然とした不安や悩みまで多岐に渡ります。特に、業務とは直接関係ない点も含め対応していく点や、心理的な安定や、日々のストレス対処などのサポートを行う点がコーチングと異なります。

メンタリングの実践　図

メンタリング

何でも安心して相談できる信頼関係

どんなことでも相談して！

実は職場の先輩とトラブルがあって……

助言・アドバイス →
← 相談・フィードバック

メンター（指導する側）

メンティー（指導される側）

- キャリアプランの策定
- 資格の取得についての助言
- 職場内コミュニケーションに関するアドバイス
- ワーク・ライフ・バランスに関するアドバイス

など

- 悩み等に関する相談・質問
- さまざまな進捗報告
- アドバイスしてもらったことへのフィードバック

など

メンタリングとコーチング

	メンタリング	コーチング
目的	長期的な成長を支えることを目的に、自己啓発やキャリア形成、職場環境への慣れなどを全面的にサポートする	業務の進め方などに関する知識と技術を提供し、身につけさせる
焦点	メンティーの中長期的なキャリア形成上の悩み。ストレスや悩みごとなど、業務とは関係ない点も含め対応する	具体的な課題解決や目標達成
手法	メンターが自己の経験、失敗、成功を共有・アドバイスを行う。併せて、メンティーの考えなども聴き、必要なサポートをする	コーチングする側、受ける側の双方向のやりとりで、コーチングを受ける側が答えを見つけるサポートをする

10 メンタリング

11

OJT (On the Job Training)

OJTとは

OJTとは「On the Job Training」の略語で、事業所内の実務を行いながら実施する教育訓練のスタイルをさします。実務経験のある上司や先輩が、新たに入職した人材に**マニュアルや座学研修ではなかなか身につかない知識や実践スキルを計画的に教えるトレーニング方法**です。

OJTは第一次世界大戦中にアメリカで始まりました。当時、軍用艦を増産するために造船所で働く作業員の大量育成が急務となっていたところ、造船所の現場監督が新人を直接訓練する手法を編み出しました。①手本を示す、②説明する、③やらせてみる、④確認・指導する、という四つのプロセスで作業員たちに短期間で技能を習得させるこの教育手法は**「4段階職業指導法」**と呼ばれ、OJTの起源となりました。

OJTのメリット

OJTは、**基本的にPDCAサイクルに則って計画的に進めます**。実際の業務を通した教育手法であるため、経験にもとづくノウハウや知識を効率よく学べます。

また、OJTでは、原則として1人の新人に1人のトレーナーがつくスタイルをとるため、担当となる上司や先輩社員にとっても「その業務を行う目的」や「部署間の流れ」などを、あらためて学ぶ機会となります。指導する側としても、時間管理や効率化、人材育成方法やマネジメントなど、業務や組織運営に関する見識を深められると、組織全体としての生産性も向上します。

対人援助職におけるOJTでは、利用者の様子や支援が必要なポイントなどを現場で客観的にとらえ、業務場面を具体的にイメージできることが大きなメリットです。

OJTの進め方 図

4段階職業指導法

Step 1 手本を示す
仕事をやってみせて、仕事の全体像を把握させる

Step 2 説明する
仕事の具体的な内容を説明し、仕事の意味や必要性を理解させる。説明のたびに確認しながら進めることで、理解を深めていく

Step 3 やらせてみる
実際に仕事を任せてみる

Step 4 確認・指導する
Step3でできた部分、できなかった部分を明示しながら、フィードバックや指導を行う

OJTの進め方

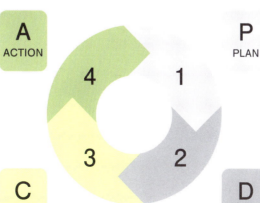

P PLAN 育成のための業務の振り分け
スキルレベルに合わせて計画し、受け持たせてみる

D DO 業務の実施
実際の業務にチャレンジする

C CHECK 実施内容の確認
やってみてどうだったかをチェックする

A ACTION 次回に向けての改善
今回の実施をふまえて、次のステップを策定する

11 OJT(On the Job Training)

12

OFF-JT
(Off the Job Training)

▶ OFF-JTとは

　職場内で実務を行いながら教育するOJTに対し、職場を離れて行われる教育訓練を **OFF-JT**（OFF the Job Training）と呼びます。業務に関する直接的な知識やスキルを身につけるためのトレーニングではなく、人事担当者が企画する教育プログラムや、外部の研修機関が提供している研修などを職場外で受講し、必要な知識やスキルを習得する方法です。OFF-JTのメリットは、組織内での教育とは異なり、その業務に対して専門性の高い外部講師やトレーナーから指導を受けることで、高度なスキルや知識を習得できることがあげられます。スキルアップや能力開発を目指す場合は、OFF-JTを選択することで、組織内にはない新たなノウハウを身につけることができるので効果的です。

　また、職場外の環境で学習を行うため、日常業務とは異なる環境で気持ちを切り替えて学習することができます。社内講師の負担もなく、必要な場面で外部の専門家から学びを得ることができ、効率的な教育を実現できます。

▶ OJTとの違い

　OJTの目的は内部業務の円滑化や実践力の向上ですが、OFF-JTの目的は内部では学べない知識の習得や参加者同士の交流を通じた視野の拡大にあります。

　また、OFF-JTでは概念を整理した教育で汎用的な知識を獲得し、OJTでは実践的な知識をアウトプットしながら学ぶことで実務に活かします。例えば、OJTでは、新人スタッフに現場への同行などでリアルな業務スキルを体験することで、顧客への対応力を高めるなどの機会とすることができます。一方で、OFF-JTで新しい技術などを学び、それを導入することが業務改善につながることもあるでしょう。

58

OFF-JT 図

OFF-JTのメリット

高度なスキルや幅広い知識を習得できる

組織内にないノウハウを身につけられる

横のつながりを広げられる

体系立てた教育を受けられる

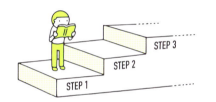

OJTとOFF-JT

	OJT	OFF-JT
実施場所	社内の実際に業務を行う場所で実施	社外の研修スペースや会議室で実施
教育内容	実際の業務を通じて直接的なスキルアップや業務理解を深める	多様な知識や技術を体系的に学び、理論的な理解を強化する
指導方法	上級者や先輩からの指導やフィードバック	専門の講師が提供する体系立てられた教育
教育目的	職場内で直面する問題への対応や即戦力としての養成	将来的なキャリアアップ等のための知識の提供

12 OFF-JT(Off the Job Training)

13 1on1ミーティング

1on1ミーティングとは

1on1(ワン・オン・ワン)ミーティング(以下、1on1)とは、部下の育成やモチベーション向上のために行われる、**上司と部下による1対1の定期的な面談**のことです。1on1の特徴は、上司からの一方的な指示や指導ではなく、双方の対話型コミュニケーションの形をとっていることです。これにより、相互理解が促進され、部下の職場へのエンゲージメントが高まるなど、さまざまなプラスの効果が期待できます。

1on1の目的は、部下の成長を促進することです。**1回あたりにかける時間は15～30分程度**が目安となるでしょう。実施に際して、上司は事前に部下の業務やキャリアにおける悩みや不安をヒアリングしておき、それに対してアドバイスすることで、部下自身で悩みや不安を払拭し、成長することを促します。

さらに、将来なりたい姿を共有してもらうことで、中長期的にやるべきことを明確にし、キャリア形成をすることができます。また、1on1を通しての部下の成長が、長期的な組織力の強化にもつながります。

1on1の実施方法

1on1は、①実施の目的を伝える、②対話の内容や質問項目を作成する、③スケジュールや場所を決める、④1on1を実施して記録に残す、という流れで行います。

1on1ミーティングを実践する際は、上司から部下に評価を通知したり、業務の進捗や報告を促したりする場ではなく、あくまでも部下が上司に伝えたいことを自由に発言できる場であるという点に気をつけましょう。日頃の業務のなかではなかなか話題にできない相談や提案などを引き出し、傾聴するように上司の側が配慮することが求められます。

１on１ミーティングの実践　図

1on1ミーティングのポイント

1on1ミーティングの効果

・信頼関係が構築される
・部下が抱える不安や問題を早期発見できる
・なりたい姿を共有することで、やるべきことを明確にし、キャリア形成できる
・自己実現をサポートすることで、モチベーションやエンゲージメントが向上する

1回あたりの時間

15～30分程度

1on1ミーティングの実施方法

1. 実施の目的を伝える

1on1を効果的なものにするには、目的についてお互いに合意し、納得した上で実施することが重要。部下の成長促進や、よりよい関係づくりのためのポジティブな時間である点を理解してもらい、積極的に参加できるような状況をつくる

2. 対話の内容や質問項目を作成する

面談の前に、話したい内容や質問事項をまとめておく。限られた時間内で、効果的にコミュニケーションを行うために、話題にしたいことをいくつかあげた上で、ゴール設定を行ってから実施する

3. スケジュールや場所を決める

定期的に1on1を行う際は、毎月1回の実施であれば「第1水曜日の16時から第2会議室で30分間」のように実施日や場所を固定しておくほうが忘れずに実施できる

4. 1on1の実施と記録

会話の内容をお互い毎回忘れずに記録する。次回以降の進捗を確認するためにも、各時点のポイントを残しておき、毎回振り返ることが1on1の効果を確かなものとする。また、同様の形式で継続的に取り組んでいくことも重要

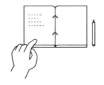

14 パフォーマンスマネジメント

パフォーマンスマネジメントとは

パフォーマンスマネジメントは、従業員の成果（パフォーマンス）を高めるために、上司が部下の特性に応じて、能力やモチベーションを引き出しながら、行動に対するフィードバックを行い、目標達成を目指すマネジメント手法です。1970年代にアメリカの**O・ダニエルズ**によって「メンバーが行動から結果を結び付けるための人材マネジメント手法」として提唱されたことが始まりとされています。

パフォーマンスマネジメントのメリット

パフォーマンスマネジメントのメリットとしては、①従業員の主体性が強化される、②従業員の適性を把握できる、③従業員エンゲージメントの向上があげられます。

まず①としては、部下自身が自分の目標設定を行い、アクションプランを考えるため、**主体性が強化**されます。上司の命令でつくった目標ではなく、自分自身で落とし込みを行うため、**アファメーション（自己宣言効果）**としても機能し、意欲向上に貢献します。

また②については、パフォーマンスマネジメントでは、1週間〜1か月に1回という高頻度で上司と部下との対話を繰り返し、目標設定やその修正を行います。そのため、部下の能力だけでなく、強みや弱み、性格なども理解しやすくなり、どのような業務に適性があるかなども把握できるようになります。

最後に③ですが、部下との対話で把握した情報をもとに、従業員が仕事でやりがいを感じる業務をさらに実践できるようにしたり、不満に対して積極的な対処を行ったりするなど、従業員の適正等に応じた対応をすることで、**従業員エンゲージメント**も向上します。

パフォーマンスマネジメントの実践 図

パフォーマンスマネジメントの流れ

1. 目標を設定する
1on1ミーティングなどの対話の機会を設け、部下自身が目標を設定する

2. 部下のパフォーマンスのチェック
設定した目標に向け、どのような行動をとっているのか、定期的に対話の機会を設けて把握する

↓ ズレがある場合……

コーチングを通じて部下の主体的な行動（課題に気づき、対処するなど）を引き出す

3. フィードバックを行う
目標達成に向けた行動を評価し、フィードバックを行う。数値など、客観的なデータを示せるとさらに効果的である

パフォーマンスマネジメントのメリット

1 従業員の主体性が強化される
部下自身が目標設定を行うため、主体性が強化される

2 従業員の適性を把握できる
対話を繰り返すため、強みや弱み、性格などを理解しやすくなる

3 従業員エンゲージメントが向上する
②で把握した従業員の適性等をもとに業務を振り分けられるため、従業員エンゲージメントが高まりやすい

14 パフォーマンスマネジメント

15 スキルマップ

スキルマップとは

スキルマップとは、従業員一人ひとりがもっている業務に関するスキルの習熟度を一覧化したものです。従業員のもつスキルとその習得度を可視化し、現状と課題を明確化するツールとして活用できます。

スキルマップでは、縦軸にスキル、横軸に従業員名を配置し、どんなスキルを、どの程度身に着けているのかを記入します。スキルレベルについても、5段階評価などの客観的指標で記入しておくことで、そのスキルの習熟度がわかり、人員配置の際などにも役立ちます。また、それぞれのスタッフがさらなる能力開発に取り組むべき項目などもわかるため、人材育成を計画する際などに貴重な参考資料になります。

評価すべきスキル

業務場面で必要となるスキルには、①**テクニカルスキル**（業務を遂行するための専門的な知識や技術）、②**ヒューマンスキル**（リーダーシップ、コミュニケーション力といった対人関係能力）、③**コンセプチュアルスキル**（論理的思考や批判的思考など、物事の本質や概念を理解する能力）の3類型があるといわれています。これを**カッツモデル**といい、必要とされる三つのスキルのバランスは職位に応じて異なります。まず管理職クラスにおいては、全体を俯瞰して見る力、いわゆるメタ認知の高さを示すコンセプチュアルスキルが多く求められます。中間管理職クラスでは、チーム全体が士気を保ち、業務を遂行し続けられるような工夫を含むヒューマンスキルが中核となります。現場で活躍する実務職クラスでは、チーム全体の方針に則った知識と行動力、つまりテクニカルスキルが求められます。

スキルマップの活用 図

スキルマップ作成のための評価基準（例）

領域	能力	小項目	点数	内容
実行力	初動力	やると決めたことに対して第一歩を踏み出せる	4	自ら第一歩を踏み出せる
			3	第一歩を踏み出せるが、始めるのが遅い
			2	きっかけがないと動けない
			1	やらずじまいになることが多い
	継続力	物事を最後までやり遂げることができる	4	物事を途中で投げ出さず、最後までやり遂げられる
			3	強制や報酬次第で最後までやり遂げられる
			2	苦手なことや嫌いなことはすぐに諦めてしまう
			1	何事も続かず、すぐに諦めてしまう

スキルマップ活用の流れ

Step 1 業務目標に合わせてスキルマップの作成方針を決定する

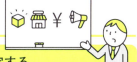

Step 2 必要なスキルをリストアップする

業務で必要となる三つのスキル

- テクニカルスキル
  専門的な知識や技術
- ヒューマンスキル
  コミュニケーション能力などの対人関係能力
- コンセプチュアルスキル
  物事の本質や概念を理解する能力

Step 3 それぞれのスキルの評価基準を設定する

Step 4 スキルマップを作成する

Step 5 実施後の効果測定と評価を行う

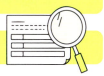

15 スキルマップ　65

16 リモートワーク

リモートワークとは
リモートワークのリモート（remote）とは「遠隔」という意味で、事業所とは別の場所で仕事に従事することをさします。リモートワークは新型コロナウイルス感染症への対応として注目を集め、急速に広がりました。クラウドサービスやネットワーク回線などの環境整備が進んだこと、場所や時間の自由度が高いこと、環境の制約を受けないことなどを背景に、今では多くの企業で導入されています。

リモートワーク導入のメリットとデメリット
リモートワークによる事業所側のメリットとしては、主に①**コスト削減**、②**働きやすさの向上**があげられます。まずリモートワークを実施することで出勤する従業員が減るため、それだけオフィスの規模を縮小できます。賃料のコスト削減のみならず、事務所がコンパクトになることで光熱費などの諸経費も削減できます。また、時間や場所にとらわれない働き方が可能になるため、**個人の事情で働き方に制限のある従業員も柔軟な働き方を選択できる**ようになります。対人援助職の場合、リモートワークを導入しても利用者への訪問など外せない業務もありますが、現場への直行直帰などのスタイルもとりやすくなるでしょう。**柔軟な勤務体制は人材採用にも好影響が期待できます。**
一方で、**リモートワークには情報漏洩のリスクや、労務管理が難しいといったデメリットも存在します**。情報漏洩の面では、対人援助職の場合、利用者の個人情報を扱うことも多いため、定期的にウイルス対策アプリの状況を確認するなどの対策が必須です。また、リモートワークでは、スタッフと直接顔を合わせる機会が減ることから、長時間労働等の実態を把握しにくかったり、コミュニケーションがとりにくいこともあります。

リモートワークのメリット・デメリット 図

メリット

1　コスト削減
- オフィスの賃料
- 光熱費等の諸経費
　　　　ほか

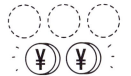

2　働きやすさ
- 個人の事情で働き方に制限のある従業員が働きやすくなる

3　職員の採用
- 柔軟な勤務体制が魅力的に映る

デメリット

1　情報管理
- 個人情報が漏洩するリスクがある

2　労務管理
- 実態を把握しづらい

3　コミュニケーションの減少
- スタッフと直接顔を合わせる機会が減る

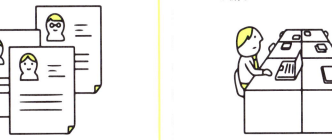

16　リモートワーク

17 感情労働

感情労働とは

感情労働とは、感情（感情の抑制や緊張、忍耐など）が業務内容の不可欠な要素であり、かつ適切・不適切な感情がルール化されている労働のことです。

アメリカの社会学者の**A・R・ホックシールド**は、感情労働が求められる職業の特徴として、①<u>対面あるいは声による顧客との接触が不可欠</u>、②<u>他人のなかに何らかの感情変化を起こさせなければならない</u>、③<u>雇用者は研究や管理体制を通じて労働者の感情活動をある程度支配する</u>、の三つをあげています。すなわち、接客や対話を通じて相手に心理的な満足感を与え、報酬を得る労働をさすため、対人援助職のほとんどが感情労働に相当するといえるでしょう。

感情労働のリスクと予防策

感情労働に従事する者は、業務を通じて生起した感情に対して無理やり抑制を強いられるため、<u>ストレス反応やバーンアウト、モチベーションの喪失など、さまざまなリスクに直面しやすくなります</u>。

対人援助職の場合、相手がどのような言動を行った場合であっても、自分の感情を表に出さないように我慢を強いられることがあります。ストレスを強く感じるような場面でも平静を保つことができるように、日ごろからセルフケア（➡第5章）を行うとともに、メンタルケアに関する知識を身につけ、実践していくことが重要です。さらに、クレーム対応やカスタマーハラスメントに対する組織内外での研修などを通じて、効果的な対人スキルを学んでおくことも必要でしょう。同時に、職場内でお互いが支え合い、サポートする体制を整備することも重要です。

感情労働とその リスク 図

感情労働の三つの特徴

① 対面あるいは声による顧客との接触が不可欠
② 他人のなかに何らかの感情変化を起こさせなければならない
③ 雇用者は研究や管理体制を通じて労働者の感情活動をある程度支配する

アメリカの社会学者
A・R・ホックシールド
（1940年〜）

対人援助職のほとんどが感情労働

・利用者の感情にはたらきかける必要がある
・自分の感情を適切にコントロールする必要がある

感情労働のリスク

・ストレス反応を起こす
・バーンアウトを起こす
・モチベーションを喪失する
・心身の健康に悪影響を及ぼす
・職場での不平等感が増す　など

職場として感情労働をサポートする体制を整える

・ストレス対処に関する研修などを通じて個々の対応スキルを強化する
・ストレス起因の疾患等が生じた場合は、早急に受診・休養する
・ワーク・ライフ・バランスを重視した職場環境を整える

18 マズローの欲求階層説

▶ マズローの欲求階層説とは

マズローの欲求階層説は、アメリカの心理学者である**A・マズロー**によって考案された心理学理論で、人間の欲求を、**生理的欲求、安全の欲求、社会的欲求、承認欲求、自己実現欲求**という五つの階層からなるピラミッド構造で表しています。

下層の欲求から満たされていくことで、最終的には最上段の欲求である自己実現に至るといわれていますが、必ずしも順番どおりに優先されるわけではありません。また、人によっては6段階目の「自己超越の欲求（自我を超越して他者・社会をよりよくしたい）」に至ることもあるとされています。

▶ 対人援助職における理論の実践

業務場面においては、顧客のニーズを五つの欲求に当てはめて分析し、顧客の満たされていない欲求は何か、どうすればどの階層の欲求を満たせるのか、といったことを読み解いていきます。例えば、介護サービスを提供しようとしても、生理的欲求や安全欲求が満たされていなければ、必要な介護サービスを受け入れてもらえないということも考えられます。また、この5段階が常に有効なわけではないため、個別ケースの事情が優先する場合がありうることも心得ておきましょう。

特に利用者のニーズへの対応の優先順位を検討するような際は、より低次の欲求を満たすことから取り組むことが重要です。また、高次の欲求が充足されているような場合でも、実は安全欲求などのより低次のニーズへの対応が不足しているケースもあり得ます。それぞれの状況を正確にアセスメントした上で、再度どの部分から支援すべきかを考えていくべきでしょう。

マズローの欲求階層説と対人援助 図

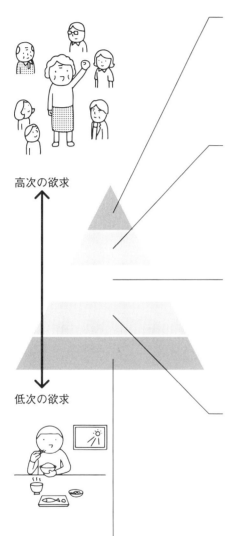

自己実現欲求：理想の自分になりたいと思う欲求

▶対人援助職に求められる支援（例）

利用者個々の能力や興味に応じて、芸術活動や旅行など、実現可能な目標を設定し、その実現に向けた支援を行う

承認欲求：他者から尊敬されたい、認められたいという欲求

▶対人援助職に求められる支援（例）

歌が得意な利用者に地域の祭りで歌を披露してもらうなど、成功体験につながるような行事への参加を促進する

社会的欲求：友人や家庭、会社から受け入れられたいという欲求

▶対人援助職に求められる支援（例）

施設内でのコミュニケーションや、面会時の家族との交流などを援助し、励ましの言葉かけなどを行う

安全の欲求：心身ともに健康でかつ経済的にも安定した暮らしをしたいという欲求

▶対人援助職に求められる支援（例）

職業訓練や雇用支援を通じて、経済的な自立や安定した生活につなげる

生理的欲求：生きていくために必要な基本的・本能的な欲求（食欲や睡眠欲など）

▶対人援助職に求められる支援（例）

訪問介護やデイサービスなど必要な支援につなぎ、健康維持や安定した生活の維持につなげる

19 動機づけと報酬

ハーズバーグの二要因理論

　従業員満足度が高く、働きやすい職場づくりに欠かせない考え方が、**ハーズバーグの二要因理論**です。これはアメリカの心理学者であるF・ハーズバーグが提唱したもので、人の欲求には給与や人間関係などの**衛生要因**と、成長実感や達成感などの**動機づけ要因**の2種類があるという考え方です。ハーズバーグは、これら二つの欲求がバランスよく存在することが重要であることを証明しました。

　まず動機づけ要因には、仕事における達成感、承認、評価、責任（権限委譲）、成長実感などの要素があります。これらは満たされなくてもただちに不満足になることはありませんが、満たされるとやる気になるものとして知られています。

　一方、衛生要因には、職場の方針、管理方法、給与、人間関係、職場環境などの要素があり、こちらは満たされないと不満足になるといわれています。

　このように、**動機づけ要因の充足は職務満足感につながり、衛生要因の欠如は不満感につながります**。どちらか一方だけが実現していても、もう一方が満たされないとモチベーション向上にはつながりません。

対人援助職における理論の実践

　この理論を活用することで、動機づけ要因の強化と、衛生要因の改善を図る取り組みを行うことができます。特に、客観的に把握しづらい動機づけ要因について、**1on1ミーティング**（→P.60）によるコミュニケーション強化や、マネージャー側からの承認や権限移譲などを図ることで、停滞しがちな人材戦略における施策につながるでしょう。

ハーズバーグの二要因理論 図

ハーズバーグの二要因理論

衛生要因と動機づけ要因は互いを補う関係

衛生要因とは

人間関係　　職場の方針、管理方法

給与　　職場環境

働きやすさをつくる基準であり、
この水準が低下することで不満を引き起こす

動機づけ要因とは

仕事における達成感　　承認、評価

責任　　成長実感

働きがいをつくる要素であり、
この水準が向上することでやる気につながる

マズローの欲求階層説との関係

マズローの欲求階層説

- 自己実現欲求
- 承認欲求
- 社会的欲求
- 安全の欲求
- 生理的欲求

ハーズバーグの二要因理論

動機づけ要因
社会のなかで自分の能力を発揮し、
活躍していくための周囲とのかかわり

衛生要因
社会のなかで生きていくための
基本的な条件

19 動機づけと報酬　73

20 人材育成プログラム

人材育成プログラムとは

人材育成プログラムとは、組織が求める人材に育てるための長期的な計画のことです。自発的な社員や、現場に必要な専門知識・スキルをもった社員を育成するため、必要な教育プログラムや研修の実施、フォローアップの方法などを策定します。

人材育成プログラムを展開する際は、<u>事前に組織の現状の課題やニーズを抽出しておくことで、プログラムの対象者および目標とする人材像を明確にしやすくなります</u>。さらに、事前に目標とする**スキルマップ**（➡ P.64）を作成し、育成の進捗に伴う成長の度合いなどを見える化することも、目的に沿った人材育成プログラム実施に大きく影響します。

人材育成プログラムのフレームワーク

人材育成プログラムにかかわるフレームワークにはさまざまなものがありますが、ここでは**70：20：10フレームワーク**を紹介します。

このフレームワークは、リーダーシップを育成するための教育において役立つ要素を調査したところ、「仕事経験：70％、他者とのかかわり：20％、研修会など：10％」という結果が出たことに基づいています。この結果からは、現場でリーダーとしての活躍を期待する人材を育成するのであれば、<u>純粋な教育場面を多く設けるより、豊富な実務経験を積んでいくほうが効果的</u>であることがわかります。また、コミュニケーション能力についても、実務では教育場面以上に求められることがわかっています。専門的な知識や、実務的な経験が必要なだけでなく、周囲とのかかわりで得られた情報や教育経験を、上手に改善や実践につなげていくことの重要性も忘れずに進めていきましょう。

人材育成プログラム 図

人材育成プログラムの種類

方法	概要
OJT	現場で上司や先輩職員が部下に行う教育、指導。応用力のあるスキルの習得に効果的（➡P.56）
OFF-JT	外部の講師を招き、業務外で行う研修やセミナー。ケーススタディやロールプレイングなどを取り入れた学習が効果的（➡P.58）
SD（自己啓発）	社員が自ら書籍での勉強やセミナーを受講し、学習すること。主体的な活動として定着しやすい
eラーニング	学習ツールやインターネット上の教材を使った学習方法。時間と場所の制約がなく、学習コンテンツの選択肢も豊富

70:20:10フレームワーク

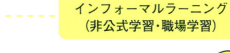

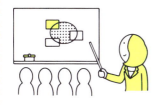
フォーマルラーニング（公式学習）
研修会への参加など

インフォーマルラーニング（非公式学習・職場学習）
他者とのかかわり
仕事経験

10%　20%　70%

20　人材育成プログラム　75

21 離職防止

▶ 離職者の傾向

　厚生労働省の調査によると、若者（29歳以下の若年層）の離職理由は、「仕事上のストレスが大きい」「給与に不満」「労働時間が長い」「会社の将来性・安定性に期待が持てない」など多岐にわたっています。

　また、新規学卒者における離職状況として、入社3年目までに離職する者が全体の32.3％を占めており、就職後3年以内に3人に1人が仕事を辞めている現状となっています。その原因としては、**雇用時のミスマッチ**や、入職時に自分のキャリアプランが明確でなく、社会人となって直面した現実に対しての抵抗感を抱く、いわゆる**リアリティ・ショック**が原因だと考えられています。これは若者に限ったことではなく、それ以外の年齢層においても同様に、勤務に入ってから期待値とのギャップに起因して離職する人が多いのが現実です。

▶ 離職防止のために事業者ができること

　従業員の離職を防ぐには、<u>離職の理由の原因に基づいた対策をとる</u>ことが基本となります。離職理由には、企業の成長を妨げる課題が潜んでいる可能性もあります。

　離職理由は個人によって異なりますが、対人援助職ならではの高ストレスや、業務責任などについては、十分にケアできるような体制が必要です。日常的なコミュニケーションを通じて、<u>一人ひとりのメンタルケアをこまめに行い</u>、**ストレスサインを発見したら早急に対応を行う**ことが必要でしょう。場合によっては、精神科の受診やカウンセリング、ストレスマネジメントに関する研修受講などを推奨することも効果的です。

離職状況と防止の取り組み　図

新卒者の離職状況

2020（令和2）年3月卒業者の状況

凡例：3年目 / 2年目 / 1年目

	中学卒	高校卒	短大卒	大学卒
合計(%)	52.9	37.0	42.6	32.3
3年目	8.8	10.2	12.8	10.4
2年目	12.0	11.7	13.5	11.3
1年目	32.1	15.1	16.3	10.6
3年目までの離職者数	453人	6万2694人	6万839人	14万8016人
離職者数	857人	16万9481人	14万2920人	45万8464人

出典：厚生労働省 人材開発統括官「新規学卒就職者の離職状況」（令和5年10月）

離職防止の取り組み（例）

①サポート体制の強化

例 定期的なスーパービジョン（➡P.52）を行い、従業員が抱えるストレスや困難について話しやすい環境をつくる

②ワーク・ライフ・バランスの促進

例 リモートワークの導入や、勤務時間をフレキシブルにするなど、従業員が仕事と生活のバランスをとりやすいしくみを整える

③成果を適切に承認する

例 達成感を感じられるような適切な報酬体系を設計し、従業員の努力と成果を表彰するなど、適切に承認するしくみをつくる

④メンタルヘルスのサポート

例 必要に応じて、精神科を受診したり、カウンセリングを受けたり、ストレスマネジメントに関する研修を受けたりできるようにする

⑤チームの結束力を高める

例 チームでランチをとる機会を設けるなど、社内イベント等を定期的に行うことで、従業者間の相互理解を深める

22 ウェルビーイング

ウェルビーイングとは

ウェルビーイングは、well（よい）と being（状態）を組み合わせた言葉で、世界保健機関（WHO）はウェルビーイングを「個人や社会のよい状態。健康と同じように日常生活の一要素であり、社会的、経済的、環境的な状況によって決定される」と紹介しています。

ウェルビーイングの概念として有名なものに、**「PERMA」**という指標があります。これは、**M・セリグマン**による概念で、①**ポジティブな感情（Positive Emotion）**、②**何かへの没頭（Engagement）**、③**人とのよい関係（Relationship）**、④**人生の意義や目的（Meaning and Purpose）**、⑤**達成（Achievement／Accomplish）**という五つの要素を満たしていると人は幸せである、とする考え方です。五つの要素の頭文字をとって「PERMA」と呼ばれています。

ウェルビーイングが注目されている理由

近年、ウェルビーイングが注目されるようになった理由として、主に①**価値観の変化**、②**働き方改革**があげられます。まず①価値観の変化ですが、近年では幸せの基準が「モノ」から「心の豊かさ」へと変わってきています。人々は長らく効率や業績などの物質的な幸せを追求してきましたが、SDGsが唱えられているように**地球規模で調和を目指す方向へと変わりつつあります。また、②の観点でいえば、わが国では少子高齢化に伴う生産年齢人口の減少などを背景に働き方の多様化が進みました。それに伴い、2019（令和元）年に**働き方改革関連法**が施行され、**長時間労働の是正や高齢者や女性の就労促進**などが掲げられています。この発想がウェルビーイングに通じるものだと考えられます。

ウェルビーイング 図

ウェルビーイングの概念：PERMA

ポジティブな感情
（Positive Emotion）
幸福感や楽しみなど

達成
（Achievement／Accomplish）
目標を達成することによる満足感

人とのよい関係
（Relationship）
援助を受ける・与える

人生の意義
（Meaning）
目的をもって、周囲に貢献する

エンゲージメント
（Engagement）
時間を忘れるほど何かに没入すること

それぞれの領域でバランスよく成長することを目指すことで、個人の幸福感や満足度を高めることができます。

ウェルビーイングが注目される背景

①価値観の変化
地球規模で調和を目指す方向へと変わってきた

②働き方改革
長時間労働の是正や高齢者や女性の就労促進など

23 人材育成のコツ① 「ほめる」と「おだてる」

「ほめる」と「おだてる」

ほめるとは、相手のよいところを指摘し、プラスの評価を与えることです。これまで評価対象にならなかった部分に着目するということでもあり、相手を見守り、認めていることを示す効果もあります。

一方、**おだてる**とは、相手のよいところを指摘し、相手をよい気分にさせることです。ほめるとの大きな違いは、相手を喜ばせて行動を起こすモチベーションにつなげようと意図している点です。おだてられることに喜びを覚えた相手は、おだてられること自体を目的にして、行動を起こすようになりがちです。しかし、後輩や部下を指導する場面では、相手の行動を正しいと認めることが目的であって、一時的に相手を動かすことが目的ではないはずです。成長を促す必要があるのであれば、おだてるのではなくほめるように注意しましょう。

相手を成長させるための望ましいほめ方

望ましい行動をとったとき、ほめ言葉を伝えること自体は全く問題ありません。そのときに、個人的な感情を伝えるのではなく、立場として「よい行動を認めている」という姿勢を忘れずにいることが重要です。

例えば、上司の立場から「〇〇さんにお願いすると、いつもすぐに対応してくれるから助かります」と言ったとき、相手が「望ましい行動をした」ことを自覚して、同じように繰り返すようになれば、ほめ言葉が機能しているということです。一方で、こちらから同じような声かけをしない場合に行動が変化するようであれば、指導が正確には伝わっていなかったと考えるべきでしょう。

「ほめる」と「おだてる」 図

ほめる

相手のよいところを指摘し、プラスの評価を与える

例
- 今日のプレゼンテーションでは、データの分析がとても詳しくて理解しやすかったよ。君の努力がしっかり伝わってきた
- このプロジェクトにおけるあなたのアイデアは本当に革新的だったね。チーム全体のモチベーションが上がったよ

おだてる

相手のよいところを過剰にほめ、思いどおりに動かそうとする

例
- あなたなしではこのプロジェクトは絶対に成功しないね！君がいてくれて本当に心強い
- あなたのような賢い人はそうそういないよ。次の会議でも君に任せたいな

23 人材育成のコツ①「ほめる」と「おだてる」

24
人材育成のコツ②「叱る」と「怒る」

「叱る」とは

叱るとは、相手の間違いを指摘するとともに、厳しく注意を与えることです。ただし、あくまでも冷静に、誤りを訂正する態度であることが求められます。叱りつける、という言葉もありますが、基本的には穏やかに非をただす姿勢であることが望ましいと考えられます。一方、**怒る**とは、本能的な怒りの発露に任せて、自分と他者に対して感情的に接することをさし、大声で怒鳴ったり、暴言を吐いたり、時として暴力をふるったりすることも起こり得ます。

後輩が手抜き作業をして、顧客に迷惑をかけてしまった場合を例に考えてみましょう。叱る場合、「〇〇さん、こういうときには、自分の非を認めた上で、相手に丁寧に謝罪してください」といった形で、取るべき行動をきちんと手順を含めて伝えます。当然、相手のミスを指摘しているので、厳しい姿勢ではありますが、あくまでも心乱さず客観的な指示を行います。

パワーハラスメントにならない叱り方

よく「部下を叱ろうと思っても、**パワーハラスメント**だと思われるのが怖くて萎縮してしまう」という上司の声を聞きますが、表現や口調、表情に配慮しながら伝えるように心がけましょう。パワーハラスメントにならない叱り方としては、「ここまでは大丈夫だね。あとは〇〇について改善していこう」などと、できている部分について触れてから、今後の課題を提示する方法が考えられます。このようにすることで、部下を全面否定することなく、明確に指導できます。感情的に怒りをぶつけるようなことにならないよう、その点だけは留意してください。

「叱る」と「怒る」 図

叱る

冷静
客観的
指導的

相手の間違いを指摘するとともに、厳しく注意を与える

例
- 今日のミーティングでの報告は、準備が不十分だったと感じる。次回からはデータをしっかりと確認して、事実に基づいた情報を提供してほしい
- 報告書の締切を守っていないことが続いているね。時間管理が課題かもしれないから、どのように改善できるか一緒に考えてみよう

怒る

感情的
一方的
衝動的

本能的な怒りの発露に任せて、自分と他者に対して感情的に接する

例
- また締切を守れなかったのか！ いつになったらちゃんとできるんだ！
- なんでいつもミスを繰り返すの？ まったく使えないね！

24 人材育成のコツ②「叱る」と「怒る」

第2章参考文献

- 野田稔（監修）、千葉喜久枝（訳）『ひと目でわかる　マネジメントのしくみとはたらき図鑑』創元社、2022.
- 名和高司『パーパス経営　30年先の視点から現在を捉える』東洋経済新報社、2021.

第 3 章

組織マネジメント

01 ダイバーシティ

多様な社会で求められるもの

ダイバーシティとは多様性、つまり異なる性別や人種、宗教、価値観、障がいといったさまざまな属性をもった人たちが、組織のなかで共存している状態のことを意味します。この多様性を活かした組織づくりを行うことで、組織の成長や競争優位性を図ることができます。また、ダイバーシティを認め、受け入れる姿勢のことを**「ダイバーシティ、エクイティ＆インクルージョン（多様性、公平性＆包摂：DE&I）」**と呼び、多様性を重視する企業などでは、スローガンの一つとしてアピールされることが増えてきました。

ダイバーシティには、外面的に判別できる**表層的ダイバーシティ**と、一見してはわからない**深層的ダイバーシティ**の２種類があります。また、多様性を重視する社会においては、イコーリティ（平等）だけでなく、エクイティ（公平性）が担保されるような工夫を行うことにより、誰もが機会を与えられるだけでなく、社会全体における便益も増加すると考えられます。

ダイバーシティを反映した職場づくり

ダイバーシティの考え方を反映した職場づくりは、組織体制を強化するばかりでなく、働きやすさや就労の継続しやすさにもつながります。また、慢性的な人材不足への対応力も上がるといわれています。具体的な実践としては、ワーク・ライフ・バランスへの対応、勤務時間や場所に関する柔軟な対応などをはじめ、個人レベルにおいては、現代社会で求められる多様性について、いま一度考え直してみることも欠かせません。さらに組織側にも、従業員との密なコミュニケーションや、オンライン勤務やリモートワークなど、働き方の工夫について検討が求められるでしょう。

ダイバーシティ 図

ダイバーシティ＆インクルージョン

ダイバーシティ

多様な人材が集まった状態

表層的ダイバーシティ

年齢、性別、国籍、障がいの有無など

深層的ダイバーシティ

宗教、性自認、価値観など

個々の受け入れる姿勢ができていないと……

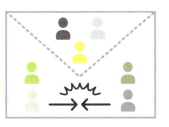

壁ができたり、反目し合ったりする可能性がある

インクルージョン

個々の受け入れる姿勢ができていると……

相互理解ができ、機能し合う関係性が構築される

エクイティ

イコーリティ（平等）

平等に踏み台を与えられても、身長が足りないとリンゴはとれない

エクイティ（公平性）

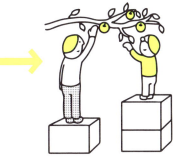

身長に合った踏み台があれば、誰もが公平にリンゴをとれる

01 ダイバーシティ　87

02 キャリア開発

キャリア開発とは

キャリアという言葉は、もともと馬車の轍（わだち）をさし、その人物が歩んでいく行程すべてを表わすものです。つまり、**仕事に限らず、個人的な経験も含めた人生の歩みそのもの**をいいます。キャリアを考える上では、これまで積み上げてきた経験やスキルと、社会のニーズ、そして自分自身の価値観を重ね合わせたところに、現在の自分が歩むべきキャリアが存在するという考え方をします（キャリアの3要素）。常にキャリアに磨きをかけていくために、リスキリング（➡ P.178）や自己成長に向けた学習などを継続していくことが重要とされています。

キャリア開発とは、こうしたキャリアを従業員が希望どおりに形成できるよう、**中長期的な計画に基づいて必要な職務やスキルを開発し、適切な成長を促す取り組み**のことです。従業員を主体としつつ、企業も積極的にキャリア開発に取り組むことで、従業員の自律的な育成や優秀な人材の確保、従業員エンゲージメント（➡ P.42）の向上につながるなど、企業にとってもさまざまなメリットがあります。

それぞれのキャリアアンカー

個人ごとにキャリアに対する考え方や目指す方向性は異なります。現在の自分にどのような指向性があるのかを確認する上で役立つのが、E・シャインが提唱した**キャリアアンカー**です。アンカーとは「錨（いかり）」という意味で、周囲が変化しても自己の内面で不動なキャリアに対する価値観をさします。キャリアアンカーは大きく八つに分類でき、**自分のキャリアアンカーを見出すことがキャリア選択、キャリア開発を行っていく際のゆるぎない軸**となります。

キャリアアンカー 図

キャリアの3要素

CAN 自分には何ができるか
WANT 何がしたいか
VALUE 何をすることが自分にとって価値ある行動と感じられるか

三つを満たす部分がその人にとって望ましいキャリア

「したい」ことだけではなく、自分の価値観にかなうキャリアを選ぶことが重要です。

キャリアアンカー

1	技術的/職能的能力	ある特定の業界・職種・分野にこだわり、専門性の追求を目指す
2	管理能力	総合的な管理職位を目指す。①と対照的に特定分野にとどまらず、組織全体にわたるさまざまな経験を求める
3	自律と独立	制限や規則に縛られず、自律的に職務が進められることを重要とする。内的な感覚として、自分の仕事のやり方を自由に自分自身で決めることを望む（自分自身が自由に仕事を進められているという認識があればよい）
4	保障と安定	生活の保障、安定を第一とする。経済的に安定していることは誰しも望ましいことであるが、リスクをとって多くを得るより、安定を最も大切なこととする
5	起業家的創造性	新規に自らのアイデアで起業・創業することを望む。現在起業していなくても、常に起業することを意識していることも含む
6	奉仕・社会貢献	仕事の上で人の役に立っているという感覚を大切にする。さらには、社会全体への貢献を求めることもあるため、所属している組織に限らない奉仕活動に専念することもある
7	純粋な挑戦	チャレンジングなこと、誰もしたことがないことに取り組むことを求める。一つ達成したら、さらに新たな挑戦を追い求めるなど、「挑戦すること」「挑戦し続けること」自体に価値をおく
8	生活様式	仕事生活とその他の生活との調和/バランスを保つことを重要視する

02 キャリア開発

03 プランニング

▶ プランニングとは

　組織の課題解決や目標達成を目指す上では、組織全体が共通の課題や目標を理解し、それに向かって行動していく必要があります。また、具体的な<u>スケジュールの計画や、必要な資源（ヒト・モノ・情報・カネ）の確保、責任の分担などを行い、効率的に取り組む</u>ことも必要でしょう。つまり、具体的な戦略や手段の構築が必要となるのです。そのための手法が**プランニング**です。課題の本質や、目標達成に必要な資源、具体的なプロセスなどを見極めて、起こりうるリスクの評価と対策を検討・計画しておくことで、無駄を減らし、効率的に目標達成へとつなげることができます。

▶ プランニングの進め方

　まずは達成すべき目標を設定します。サービスの質の改善や、業務プロセスの見直しなどの目標を設定することで、組織全体が目指すべき方向性を明確にすることができます。次に、現在の状況や直面している課題、**市場ニーズ**（利用者が求めているサービスは何か／利用が減っているサービスはないか／他社のサービスで注目されているものはないか　など）を分析し、組織の強みやノウハウなどをもとに具体的な戦略や計画を立てていきます。同時に、目標達成に必要な資源（ヒト・モノ・情報・カネ）を確保し、計画に盛り込むようにしましょう。

　<u>目標達成に向けて取り組む過程で生じうるリスクを想定しておく</u>ことも重要です。どのようなリスクが生じうるのか、その影響はどの程度かを評価し、対策を立てておき、リスクを最小限に抑えることを目指しましょう。

プランニングの進め方　図

Step 1 目標を設定する

【例】目標：新しいサービスを企画・開発する

Step 2 市場ニーズ等を分析する

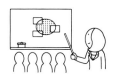

既存サービスで対応しきれなかった利用者のニーズは何か、利用者が増えてきたサービス・減少しているサービスはないか、他社サービスで注目されている（利用が増えている）ものはないかなどを分析する

Step 3 自社の強み、ノウハウを検討する

ハード／ソフト両面から検討した際に自社に実現できるサービスとは何か、他社と差別化できる自社ならではの付加価値とは何かなどを検討する

Step 4 リソースを確保し、具体的な計画に落とし込む

目標達成に必要な資源（ヒト・モノ・情報・カネ）を確保し、適切に配分しながら計画に落とし込む。併せて、生じうるリスクを想定し、必要な対策とともに計画に明記する

Step 5 実行と評価

計画を実行し、進捗や成果を定期的にモニタリングする。成功した点や課題を洗い出し、分析する

04 福利厚生

福利厚生とは

　福利厚生とは、組織が従業員やその家族に対して、給与や賞与などの金銭的報酬とは別に提供するサービスのことです。従業員へのさまざまな支援や健康サポート、生活の充実・向上を目的としており、組織ごとに取り組み内容が異なります。

　福利厚生には、**法定福利厚生**と**法定外福利厚生**の2種類があります。法定福利厚生は、社会保険と呼ばれる**5種類の保険（健康保険・介護保険・厚生年金保険・雇用保険・労災保険）と、子ども・子育て拠出金**をさします。これらは法律で一定の企業負担が義務づけられています。一方、法定外福利厚生とは、組織が独自に制度として整備し、実施するもので、**住宅手当、通勤手当、家族手当、育児手当、介護補助、特別休暇**が代表的です。さらに、経済的報酬を補完するものとして昼食補助や家賃補助、外部の健康診断受診における費用負担などに関するニーズが高まっています。

　またその他にも、実施を外部の福利厚生サービスに委託するものもあります。例えば、旅行やレクリエーション、スポーツジムとの提携、社外研修などが考えられるでしょう。

福利厚生サービス導入のメリット

　法定外福利厚生は、組織間で差が出やすいポイントです。したがって、求人の際には組織の魅力の一つになりやすく、特に家賃補助や休暇関連の待遇については、わかりやすい差異として応募者の選択理由にもなり得ます。採用戦略の一環として福利厚生を再検討することも有効でしょう。それが既存の従業員にとっても、**生活や仕事への満足度が高まり、安心して長期にわたって働くことにつながる**でしょう。

福利厚生

福利厚生の分類

法定福利厚生
法律で **義務** づけられている

- 健康保険
- 介護保険
- 厚生年金保険
- 雇用保険
- 労災保険
- 子ども・子育て拠出金

法定外福利厚生
企業が **独自** に設けている

- 住宅手当
- 家族手当
- 食事補助
- 企業年金制度
- 育児介護手当
- レクリエーション施設の提供
- 退職金制度
- 特別休暇制度
- 教育支援制度
など

法定外福利厚生のメリット（例）

従業員の満足度向上
従業員の生活や仕事への満足度を高め、働き続けたいと考える動機づけとなる

人材採用の促進
福利厚生が充実しているほど、他社と差別化でき、人材が応募したいと考える動機づけとなる

労働生産性の向上
教育支援制度などを充実させることで、従業員のスキルが向上し、生産性が増すことが期待できる

ワーク・ライフ・バランスの向上
レクリエーション施設の提供や柔軟な休暇制度などによって、ストレスを軽減でき、従業員のワーク・ライフ・バランスも向上する

社会的なイメージの向上
福利厚生の充実は従業員に対する配慮を示すものとして、企業のブランド価値や社会的なイメージの向上につながる

UP

04 福利厚生

05 人事評価

人事評価とは

人事評価とは、従業員のパフォーマンス（一定期間における成果や実績、保有するスキル、職務態度など）や労働生産性を、組織の目標と照らし合わせて評価することをいいます。人事評価は従業員の給与や賞与などを決定する以外にも、**ポジションなどの処遇決定、人材育成、組織の活性化、従業員のモチベーション向上など、さまざまな場面で活用されます**。また評価項目を明示しておくと、従業員はそれを参考にすることで自分に求められる能力や役割を把握できるため、従業員は組織の目指す方向性を把握した上で自己研鑽することができます。

さまざまな評価手法

人事評価の手法には、さまざまなアプローチがあります。ここでは主なものとして、①業績評価、②コンピテンシー評価（行動評価）、③360度評価の三つを紹介します。

まず**業績評価**とは、組織や個人の目標に対する達成度、成果を評価するしくみのことです。目標達成シートなどを用いて、数値で取り組みや業績を表わしていくことが重要です。また、従業員個々の目標を経営目標や部門目標と連動させる**目標管理制度**と組み合わせることで、業績アップを主眼においたマネジメントが可能となります。

コンピテンシー評価は、業務に即した高いパフォーマンスを発揮している人の行動特性（コンピテンシー）をもとに評価基準を設定する手法で、主に業務プロセスを評価対象とします。

360度評価は、業務の達成度や業務プロセスを上司だけでなく、その従業員と業務場面で直接かかわる同僚や部下など幅広い立場の人が評価する手法です。

三つの評価手法　図

1. 業績評価
組織や個人の目標に対する達成度、成果を評価

- 評価対象
  主に業務遂行能力や成果、目標達成度など
- 評価者
  直属の上司
- 活用
  適切なフィードバックや昇給・昇進の決定など

2. コンピテンシー評価
高いパフォーマンスを発揮している人の行動特性をもとに評価

- 評価対象
  業務過程（リーダーシップ能力、コミュニケーション能力など）
- 評価者
  直属の上司
- 活用
  人材育成や昇給・昇進の決定など

3. 360度評価
業務の達成度や業務プロセスを幅広い立場の人が評価

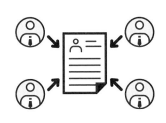

- 評価対象
  業務遂行能力や成果、業務過程など
- 評価者
  上司、部下、同僚、顧客など
- 活用
  チーム連携の強化、人材育成、異動など

06 学習する組織

学習する組織とは

学習する組織とは、目的に向けて効果的に行動するために、集団としての意識と能力を継続的に高め、伸ばし続ける組織のことです。

P・センゲが著書『The Fifth Discipline』（1990）に記した五つの**Discipline（ディシプリン：規律）**に基づき、組織は常に学習し続けることでしか継続的に存在することができないとする考え方が代表的です。五つのディシプリンとは、①**自己マスタリー**、②**メンタル・モデル**、③**共有ビジョン**、④**チーム学習**、⑤**システム思考**をいいます。センゲは組織が直面する課題を乗り越えるためには、これらを生涯学び続けることと、実践し続けることが必要だと提唱しました。そして五つのディシプリンを"技（art）"として磨くことで、組織は「個の集まり」から、「素晴らしいチーム」に変化し、「学習する組織」というビジョンに近づくとしています。

また、センゲは「企業は学べずにいることで、生き残りはしても、潜在力を発揮できていないのではないか」として、学習を阻害する七つの要因（**企業の七つの学習障害**）をあげています。

学習する組織が達成するものとは

学習に基づいた行動をメンバーが積極的に実践し続けることで、環境の変化にも柔軟に対応できるようになります。さらに、突発的なアクシデントが起こっても、慌てることなく自律的に動ける組織が形成されます。

P・センゲの二つの理論 図

五つのディシプリン（規律）

システム思考
事象や問題を単独の部分ではなく、全体（システムや相互関係）としてとらえる能力

チーム学習
チーム全体が共同で探求、考察、内省を行うことで、自分たちの意識と能力を高めるプロセス

自己マスタリー
自分自身が目指すビジョンを理解し、それに向けて能力や意識を継続的に伸ばし続けること

技（art）

共有ビジョン
チーム全体で創り出そうとする未来の共通像（理想像や目標や価値観、使命）

メンタルモデル
どのように世界を理解し、どのように行動するかに影響を及ぼす、深く染み込んだ前提、一般概念

企業の七つの学習障害

1	職務＝自分	自分の責任は職務の範囲までと考えがちであり、不本意な結果が出た場合でも、「誰かがしくじったのだ」と考え、本質的な原因がつかみにくくなる
2	敵は向こうに	物事がうまく運ばなかったときに、その原因をほかの誰か、または何かのせいにする
3	積極策という幻想	困難な問題に直面したときに、「向こうの敵」に対してひたすら攻撃的になるとすれば、それは真の「積極策」ではなく、形を変えた受け身となる
4	個々の出来事にとらわれる	人々の考えが短期的な出来事だけに支配されている組織では、創造的学習は維持できない
5	ゆでガエルの寓話	重大な脅威は、徐々に進行するプロセスに隠れているので、ゆるやかなプロセスに目を向けることを学ばなければ、気がつかないうちにお湯でだんだんに茹でられていくゆでガエルと同じ運命をたどる
6	体験から学ぶという錯覚	重要な決定は、たいてい直接には経験していないため、体験から学ぶには限界がある
7	経営チームの神話	多くの企業は、複雑な問題を究明するより、会社の考え方を擁護することに秀でた人間を評価する傾向があることから、経営幹部は集団での批判的検討を行わない「熟練した無能」となる可能性が高い

06 学習する組織

07 報酬

報酬とは

報酬とは、会社で働く従業員が労働の見返りとして、事業主から支払われるすべてのもの（給与・賞与・退職金・諸手当など）をさします。報酬には、金銭的報酬と非金銭的報酬があります。

報酬の意味

報酬の意味は、文脈によってそれぞれ変化します。ここでは①人事制度上の報酬、②社会保険上の報酬、③所得税上の報酬を例に詳しくみていきましょう。

①**人事制度上の報酬**とは、「労働の対価」です。会社が何に対して報酬を与えるのか、どのような人物を評価するのかを従業員へ示すことで、従業員のモチベーション向上につながる制度にもなり得ます。例えば、勤続給なら会社での長期勤続、役職給なら会社で果たす役割をそれぞれ評価するというメッセージとなります。

②**社会保険上の報酬**においては、名称を問わず、労働者が労働の対価として受け取るすべてのものをさします。ただし、3か月を超える期間ごとに受け取るものは、報酬ではなく「賞与」として区別されます。なお、社会保険料の算出にあたり、設定されている「標準報酬月額」は、被保険者における4～6月の報酬平均額を基準に設定され、被保険者は標準報酬月額表から割り当てられた社会保険料を、同年の9月～翌年8月に支払います（定時決定の場合）。

③**所得税上の報酬**とは、直接の指揮や時間的な拘束を受けずに、自らの裁量で行った仕事の成果への対価をさします。労働者が雇用契約を結んでいるかどうかによって、労働の対価が「給与所得」と「報酬」に区別されます。

金銭的報酬と非金銭的報酬　図

| 金銭的報酬 | 給与や福利厚生など |

直接的な報酬（例）

基本給	定期的に支払われる固定給
時間外手当	標準労働時間を超えた労働に対する追加給付
インセンティブ給料	成果を上げた社員に対して支給される報奨金
夜勤手当・休日出勤手当	夜勤や休日に出勤して働いた際に支払われる手当

間接的な報酬（例）

福利厚生	組織が従業員やその家族に対して、給与や賞与などの金銭的報酬とは別に提供するサービス（➡P.92）
企業年金	退職後の安定した収入を保証する制度
育児支援制度	保育所の利用補助や育休制度など、子育て支援のための制度
教育補助	従業員の自己啓発やキャリアアップのための教育プログラムの支援

| 非金銭的報酬 | 仕事のやりがい、周囲からの評価など |

仕事内容

職務の難易度	適度な難易度で、職務に挑戦性がある
自由度・裁量	従業者が自由に進め方や順番を決められる
キャリアの成長	昇進やスキルアップにつながると実感できる
チームワーク	同僚や上司との協力関係が構築できており、必要なサポートを受けられる

労働環境

職場の安全性	労働環境が健康と安全を考慮して設計されている
労働時間	勤務時間、休憩時間、残業の有無など
物理的環境	オフィスの配置、清潔さ、設備の充実度など
ワーク・ライフ・バランス	仕事と私生活のバランスがとれている（➡P.154）

08 組織マネジメントの7S

組織マネジメントの7Sとは

組織マネジメントの7Sとは、世界的なコンサルティング会社であるマッキンゼー・アンド・カンパニーが提唱する、組織の課題解決に関するフレームワークのことです。7Sとは、企業の経営要素である①戦略（Strategy）、②組織（Structure）、③システム（System）、④スキル（Skill）、⑤人材（Staff）、⑥スタイル（Style）、⑦価値観（Shared Value）のことで、①〜③を**「ハードの3S」**、④〜⑦を**「ソフトの4S」**と呼びます。どれも組織に不可欠なものであり、それぞれのバランスが整っていることが、経営が円滑に行われる条件といわれています。

7Sの導入においては、まず現状分析を行い、それぞれの「S」の現状と関連性について明確にします。続けて、改善すべき問題点を抽出し、どう変えていくべきかの対策を検討します。その後、改革案を導入することで何がどう変わるかを比較し、さらに大きな成果が上がるようアイデアを絞り込んでいきます。

一般に、**ハードの3Sの変更は時間をかけずに行えますが、ソフトの4Sを変えるには時間がかかります**。そのため、まずはハードの3Sに着手し、ソフトの4Sの改善にはじっくりと取り組むことが求められます。

対人援助職における7Sの導入

まずは7Sの洗い出しを行い、課題を明確にしましょう。それぞれの現状、理想、問題点、改善案をリストアップすることで、変革すべき点が明らかになります。これまでの事業所の運営方針（スタイルや価値観）は短期間で変えることが難しいため、**着手しやすい戦略面や、事業所内の役割分担などから対策を講じていく**と効果的です。

組織マネジメントの7S 図

組織マネジメントの7S

7S	概要
戦略	組織が掲げる長期目標と、それを達成するための計画やアプローチ
組織	どのような部門が存在し、誰が決定権をもち、部署同士がどのように連携するかといった組織構造
システム	組織を構成する人材の評価方法、採用基準など
スキル	組織を構成する人材がもつ能力や専門知識
人材	組織を構成する人材を把握すること。人数等だけではなく、個々の素質や組織に対する不満の有無なども把握することが求められる
スタイル	組織がもつ風土や気質など
共通の価値観	組織が何を大切にしているか（価値観）を明らかにし、それを組織全体で共有すること

戦略・組織・システム：ハードの3S
スキル・人材・スタイル・共通の価値観：ソフトの4S

7S診断のワークシート

	評価（現状）	目標とのギャップ	改善策
戦略	戦略を記述		
組織	組織構造の説明を記述		
システム	システム運用の説明を記述		
スキル	主要なスキルと能力を記述		
人材	人材配置や人材の資質を記述		
スタイル	組織風土を記述		
共通価値	共有されている価値観を記述		

「目標とのギャップ」を記述　　「改善策」を記述

08 組織マネジメントの7S　101

09 行動経済学

行動経済学の成り立ち

経済学においては「人間は合理的に行動する」と仮定されてきましたが、実は時として非合理的であり、直感的に行動することも少なくありません。このような視点を基に、経済学のモデル理論に心理学的に観察された事実を取り入れた学問が**行動経済学**です。2002年にD・カーネマンとA・トベルスキーが行動経済学の考え方を基にした**プロスペクト理論**でノーベル賞を受賞したことをきっかけに、広く知られるようになり、欧米では金融分野や行政施策などに活用されてきました。

ナッジ理論とは

行動経済学のなかでも特に有名なのが**「ナッジ理論」**です。ナッジ（nudge）とは、軽く肘でつつく、という意味をもつ英語で、他人が説得や指示をしなくても、**ちょっとしたきっかけを与えることで、自然に行動を起こさせることができるという法則**です。例えば、レジ待ちの行列をきれいに揃えたいなら「まっすぐ並んでください」と逐次声かけをしなくも、レジ前に足型のステッカーを縦列に貼るだけで、何も言わずに足型に沿って並んでもらえるようになります。

対人援助職による支援の場面では、相手を説得して行動してもらうのが難しい場合、ナッジ理論の手法を活用することができます。利用者や家族の個別性を重んじる必要はありますが、例えば、**似たような問題を乗り越えたケースに関する情報を提供したり、国等による調査研究の結果を伝えたりすることで、相手が行動を起こす動機づけ**となることもあるでしょう。

行動経済学の二つの理論 図

プロスペクト理論

人は利益を得る喜びよりも、損する苦痛を強く感じる傾向がある

購入されやすい	購入されにくい
月額 500円	年間 6,000円

ナッジ理論の活用

ナッジ理論を活用しない場合

①列整理

ナッジ理論を活用した場合

足型のステッカーを足下に貼る

②ゴミの分別

ゴミの投入口に種類を示す掲示物を貼る

09 行動経済学　103

10 心理的安全性

心理的安全性と四つの不安からの解放

心理的安全性は、ハーバードビジネススクールで教鞭をとる研究者、**A・エドモンドソン**が1999年に提唱した概念です。エドモンドソンが定義する心理的安全性とは、「仕事のなかで助けを求めたり、自分のミスを認めても安全であること」であり、「職場で自分の意見を主張したり提案をしたり、わからないことを質問できる」チームこそが、心理的安全性が高いと述べています。つまり、自分の言動を意志に反してごまかさず、率直に行うことができる環境こそが、心理的安全性が高いといえます。

このような職場では、**心理的安全性の7要素**が実現すると同時に、**四つの不安**（無知・無能・邪魔者・ネガティブだと思われる不安）から解放され、自由な発言や提案をすることができます。言いたいことがあっても、相手や職場全体に対して「気をつかって」言えなくなるのは、この四つの要素がブレーキとなっているからです。言うべきことを伝えずに間違いが放置され、職場内の人間関係が悪化すると、利用者やスタッフに悪影響が生じるなど、負のスパイラルに陥ります。職場の心理的安全性を高めることで、迅速な意思疎通が実現し、高い生産性や効率のよい業務遂行につながります。

対人援助における心理的安全性の重要度

対人援助職においては、多職種連携を行う場面も多く、円滑な人間関係を維持するためには周囲への気づかいなども発生することでしょう。しかしながら、ミスの指摘など、ネガティブだと思われがちな事項も、その場で率直に伝えていくことが、安全な業務遂行、ひいては利用者の利益にもつながります。心理的安全性の基本的な考え方と、それに基づく伝え方などを十分理解した上で、積極的に行動できるよう心がけましょう。

心理的安全性　図

心理的安全性の7要素

1 チームのなかで失敗しても非難されない

2 お互いに課題や難しい問題を指摘し合える

3 一人ひとりの個性や違いを受け入れる

4 チームに対してリスクのある行動をしても安全である

5 ほかのメンバーに助けを求めることができる

6 誰も自分の仕事を意図的におとしめるような行動をしない

7 仕事をするとき、自分のスキルと才能が尊重され、活かされていると感じる

心理的安全性を脅かす四つの不安

1　無知だと思われる不安

質問や教えを乞うことを躊躇する
例 疾患や障害に関する専門的な話題で知った
かぶりをする

2　無能だと思われる不安

失敗や間違いを認めることを躊躇する
例 サービス事業所に必要な情報を伝え忘れた
ことを隠そうとする

3　ネガティブな人間だと思われる不安

批判や評価をすることを躊躇する
例 管理者やほかのスタッフと異なる意見を
もっているが、述べることができない

4　邪魔者だと思われる不安

相手の行動に対し意見を言うことを躊躇する
例 多職種が参加する会議で、自分は専門外な
どと考え、発言を控える

11 CSR

CSRとは

CSR（Corporate Social Responsibility）は、企業が社会に向けて果たすべき責任を示す企業目線の概念で、日本語では「企業の社会的責任」と訳されます。組織が経済的利益の追求だけでなく、社会や環境と共存しながら持続可能な成長を図る上で、責任ある行動をとるとともに、説明責任を果たしていくことを求める考え方です。具体的には、組織の活動を積極的に開示して透明性を保ち、環境問題や地域社会への貢献、働きやすい職場づくりの取り組みを明示していく活動などがあげられます。CSRは、寄付やボランティアなどのいわゆる奉仕活動ではありません。**企業がその活動において、従業員、投資家、地域社会など、さまざまな利害関係者との対話を重ね、持続可能性を考慮し、社会的価値を創造する過程で責任を果たすこと**が求められます。

CSRには、健全な実施のための**七つの原則**と、**七つの中核課題**が設けられています。各中核課題にはさらに細分化された課題が設定されており、それぞれ具体的なアクションや情報開示につなげてCSRを実践します。

CSRが注目されるようになった背景

2000年代に入り、国内では粉飾決算や品質管理情報の改ざんによる企業の信頼低下、国際社会では地球温暖化などの環境問題の深刻化により、**社会や環境との共存というテーマが組織にとっての重要課題**となってきました。そこで、これまでのように利益を追求するだけではなく、環境や社会と共存しながら成長していくCSRが企業に強く求められるようになりました。また、法律違反が起こる根本的な原因である倫理感の欠如を防ぐため、CSRでは、説明責任や透明性に加えて**企業倫理の強化**が求められています。

七つの原則と七つの中核課題 図

七つの原則

説明責任
組織の活動が環境や社会に与える影響について十分に説明する

透明性
組織情報や事業活動によって環境、社会、経済が受ける影響について透明性を保つ

倫理的な行動
誠実性や公平性に基づいた企業活動を行う

ステークホルダーの利害の尊重
株主だけでなく、さまざまなステークホルダー（利害関係者）に配慮して企業活動を行う

法の支配の尊重
各国の法的義務を企業全体で把握・尊重する

国際行動規範の尊重
法令だけでなく、国際行動規範も把握・尊重する

人権の尊重
人権は普遍性のあるものであると把握し、すべての行動で人権を尊重する

七つの中核課題

組織統治
正しい意思決定・運営が行われる企業体制の整備、ステークホルダーへの情報開示

人権
ダイバーシティの推進、児童労働・強制労働の禁止、セクハラ・パワハラの禁止

労働慣行
働きやすい環境づくり、従業員の健康管理

環境
環境に配慮した製品づくり、省エネ、二酸化炭素（CO_2）削減

公正な事業慣行
コンプライアンスの尊重、関係組織への社会的責任の推進

消費者問題
品質管理や情報開示など、消費者へ向けた安全衛生の保護

コミュニティへの参画
地域コミュニティとの連携・支援、インフラ設備への投資

12 ESG

▶ ESGとは

 ESG とは、Environment（環境）、Social（社会）、Governance（ガバナンス（企業統治））を考慮した投資活動や経営・事業活動をさします。ESGという言葉は、2006年に当時のアナン国連事務総長が提唱した **PRI**（Principles for Responsible Investment：責任投資原則）で初めて登場しました。PRI は、財務情報に加えて ESG 要素を投資の分析や株式所有の意思決定、株主行動に組み込むことを定めた行動原則です。PRI では、環境問題や労働問題などのさまざまな社会課題にかかわる ESG の要素が、長期的な企業の発展・成長に多大な影響を与えることを強調しています。

 また、気候変動や労働者の人権などの社会課題に関する問題意識の高まりとともに、ESG は長期的な企業の発展に不可欠な概念として普及しています。そのため、投資家や株主は、その企業がステークホルダーや社会に対していかなる価値を生み出せるかという視点から実施される**「ESG 投資」**に、価値を見出すようになりました。その結果、ESG に関する取り組みは企業の成長性を見極める大きな要素として、近年投資家から注目されています。

▶ ESG導入へのアプローチ

 ESG の考え方を導入する上で代表的な手法として、自社の企業価値に影響を与える重要課題を見出す**マテリアリティ**、目指す将来像から逆算して、現状で取り組むべき課題を明らかにする**バックキャスティング**、バックキャスティングとは逆に、現状を起点に、実現可能な取り組みを繰り返して成果に結びつけていく**フォアキャスティング**があります。

ESGの導入 図

ESGとは

Environment（環境）
・温室効果ガス排出の削減
・エネルギー効率の向上
・廃棄物の削減
・資源循環への取り組み
・自然保護への取り組み
　　　　　　　　　　など

Social（社会）
・従業員の健康と安全への配慮
・ダイバーシティ、エクイティ＆インクルージョンの推進
・消費者保護
・地域社会への参画
　　　　　　　　　　など

Governance（企業統治）
・企業倫理
・経営の透明性
・コンプライアンス遵守
・適切な情報開示
・リスク管理体制
　　　　　　　　　　など

ESG推進のメリット

・投資家からの評価向上
・企業およびブランドイメージの向上
・労働環境の改善や整備の促進
・社会課題とのかかわり方などをもとにした新しいビジネスの創出

三つの導入アプローチ

1 マテリアリティ
環境課題をリストアップして一定の基準で評価
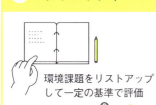

優先順位をつけて取り組む

2 バックキャスティング
目指す将来像から逆算して取り組むべき課題を明らかにする
現在
ACTION

目指す将来像

3 フォアキャスティング
現状を起点に実現可能な取り組みを繰り返す
現在
ACTION

目指す将来像

12 ESG

13
SDGs

世界標準の環境問題のテーマ

世界各地で直面している貧困、紛争、気候変動、感染症などの問題について、世界中のさまざまな立場の人々が話し合い、課題を整理し、解決方法を考え、2030年までに達成すべき具体的な目標持続可能な開発目標として制定されたのが**SDGs（Sustainable Development Goals）**です。

SDGsは2015年9月の国連サミットで加盟国の全会一致で採択された**「持続可能な開発のための2030アジェンダ」**において、持続可能でよりよい世界を目指す国際目標として制定されました。**17のゴール・169のターゲットから構成され、地球上の「誰一人取り残さない（leave no one behind）」**ことを誓っています。SDGsは発展途上国のみならず、先進国自身が取り組むユニバーサル（普遍的）なものであり、日本も積極的に取り組んでいます。

SDGsへの取り組み

学校教育をはじめ、メディアなどでもSDGsに関する報道が多いことから、SDGsへの取り組みについて明示していくことは、**経営理念の周知やブランディングにも役立ちます。**対人援助職としてSDGsの観点からできることとしては、例えば、生活困窮の状態にある利用者にいち早く気づき、必要な支援につなげることや、虐待の防止や早期発見に向けた取り組み、あるいは地域のコミュニティをつくることなどが考えられるでしょう。また、事業所としては、雇用面でのジェンダー平等を推進したり、支援を通じてみえてくる社会的な課題について地方自治体や国に提言していくことなどが考えられます。

SDGs 図

SDGsの17項目

1 貧困をなくそう	2 飢餓をゼロに	3 すべての人に健康と福祉を	4 質の高い教育をみんなに	5 ジェンダー平等を実現しよう
6 安全な水とトイレを世界中に	7 エネルギーをみんなにそしてクリーンに	8 働きがいも経済成長も	9 産業と技術革新の基盤をつくろう	10 人や国の不平等をなくそう
11 住み続けられるまちづくりを	12 つくる責任つかう責任	13 気候変動に具体的な対策を	14 海の豊かさを守ろう	15 陸の豊かさも守ろう
16 平和と公正をすべての人に	17 パートナーシップで目標を達成しよう			

SDGsと対人援助職

1. 貧困をなくそう

例
生活困窮者の早期発見・必要な支援につなげる

11. 住み続けられるまちづくりを

例
・地域コミュニティをつくる
・認知症等の啓発にむけた広報誌の作成

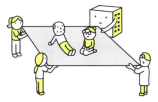

16. 平和と公正をすべての人に

例
社会的な課題について地方自治体や国に提言する

14 サステナビリティ

▶ サステナビリティとは

サステナビリティ（Sustainability）は直訳すると「持続可能性」のことです。地球環境や社会全体の未来を検討する上で、今後長期間にわたって地球環境を壊すことなく、資源を適切に活用しながら、良好な経済活動を維持し続けることを意味する言葉です。

本書でも解説してきた **ESG**（→ P.108）や **SDGs**（→ P.110）の考え方の基になっているのが、サステナビリティです。経済活動を考える際に欠かせない視点として、ビジネスのみならず、さまざまな政策などでも重視されるようになりました。

なお、SDGs では持続可能な地球環境を企業と消費者の双方の視点から検討しているのに対し、**ESG は企業の価値を評価する際に、収益などの経済的な価値に加えて、サステナビリティという社会的な価値を含めて検討**しています。したがって、サステナビリティという観点において、目指す姿は二つとも重なるといえるでしょう。

▶ サステナビリティが注目されてきた背景

わが国では戦後の急速な経済の高度成長に伴い、生活水準は向上しましたが、同時に公害や自然破壊などの環境へのネガティブな影響が問題となりました。こうした状況は世界各地でも多発し、また開発途上国における不平等と貧困も社会的課題として取り上げられるようになりました。この状況に対して、国連の**「環境と開発に関する世界委員会」**は、1987年に持続可能な開発について報告書を公表し、持続可能な開発を「将来の世代の欲求を満たしつつ、現在の世代の欲求も満足させるような開発」であると定義しました。それを機に、**経済発展と社会的・環境的な持続可能性は両立しうるものである**と考えられるようになりました。

サステナビリティ 図

サステナビリティとSDGs

サステナビリティ
社会的・環境的な持続可能性と経済成長を両立させる概念

SDGs達成のための取り組みがサステナビリティ

SDGs
2030年のあるべき姿を描いた目標およびターゲット群

持続可能な開発目標
17の目標と169のターゲット

サステナビリティが注目された背景

1950年代〜1960年代

公害や自然破壊

開発途上国における貧困

1987年

国連・環境と開発に関する世界委員会

報告書「Our Common Future」
→「持続可能な開発」

経済発展と社会的・環境的な持続可能性は両立しうる

14 サステナビリティ

15 安全衛生管理

▶ 安全衛生とは

　安全衛生とは、従業員が安心して働ける環境を確保し、労働災害や業務を原因とする疾患を防止することです。労働者の安全（**労働安全**）と健康（**労働衛生**）を守り、快適な職場環境を形成するための取り組みといえるでしょう。

　職場の安全衛生を規定した法律に**労働安全衛生法**があります。職場における労働者の安全と健康を確保するとともに、快適な職場環境を形成する目的で1972（昭和47）年に制定されました。労働安全衛生法では、職場の安全衛生を確保するため、業種や業務内容、事業場規模などに応じて、衛生推進者など、さまざまな人員の選任を求めています。定期健康診断をはじめ、安全衛生教育や快適な職場環境のための措置、ストレスチェックなど、職場の環境整備と心身両面にわたる健康維持のための措置が求められます。

▶ ストレスチェック

　労働者のメンタルヘルスに関する予防措置も、安全衛生管理の一環です。事業者は、労働者に対して、医師・保健師などによる心理的な負担の程度を把握するための検査（＝**ストレスチェック**）を行わなければなりません（労働安全衛生法第66条の10第1項）。

　ストレスチェックの結果は、医師・保健師などから労働者へ直接通知されます。医師・保健師などは、労働者の同意を得ない限り、ストレスチェックの結果を事業者に提供してはいけません。また、ストレスチェックを受けた労働者は、希望すれば医師の面接指導を受けることができ、事業者は当該労働者の健康を保持するために必要な措置について医師の意見を聴き、適切な措置を講じる必要があります（同条第2～6項）。

114

安全衛生とストレスチェック　図

安全衛生とは

安全衛生
従業員が安心して働ける環境を確保するための一連の取り組み

労働安全
労働災害（職場における事故や怪我）から従業員を守るための措置
例
- 移乗に伴う腰痛を防ぐためにスライディングボードを導入する
- 火災や地震に備えて避難訓練を実施する

労働衛生
職場環境が従業員の健康に悪影響を与えることを防ぐための措置
例
- メンタルヘルスについて、定期的な研修を設ける
- 従業員に対して、定期的な健康診断を実施する
- 移動にかかる負担を減らすため、電動アシスト自転車を導入する

ストレスチェックの概要

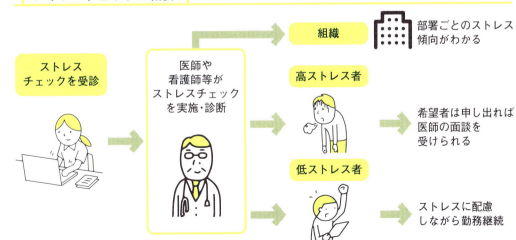

- ストレスチェックを受診 → 医師や看護師等がストレスチェックを実施・診断
- 組織：部署ごとのストレス傾向がわかる
- 高ストレス者：希望者は申し出れば医師の面談を受けられる
- 低ストレス者：ストレスに配慮しながら勤務継続

15　安全衛生管理

16 BCP

BCPとは

BCP（Business Continuity Plan）とは、組織が災害やテロ、システム障害などの緊急事態に遭遇した際、損害を最小限に抑え、重要な業務を継続しつつ、早期復旧を図るための経営戦略です。介護事業においては**「業務継続計画」**と呼ばれ、**2024（令和6）年度の介護報酬改定で計画の策定と研修・訓練の実施が義務づけられました。**

BCPの具体的施策

対人援助職、とりわけ介護事業者は利用者の心身の健康を守る使命を担っているため、いかなる状況でもサービス提供を続けることが求められます。特に利用者に**「生活の場」**を提供している入所施設は、たとえ被災してもすべての業務を停止するわけにはいきません。しかし、被災等の状況によっては、業務の縮小や事業所の閉鎖を余儀なくされる可能性もあります。ほかの施設と非常時の連携体制を取り決めておくなど、**利用者への影響を最小限に抑えられるように検討・準備しておくことが大切**です。

また、介護事業者は利用者の安全を守るための対策を講じ、確実に実行する必要があります。介護保険サービスの利用者は何らかの疾患や障害をもっており、感染症に罹患した際は重症化リスクが高く、避難を余儀なくされた場合には時間も人手もかかります。そうした要介護者の特性をふまえて、利用者の安全確保に向けた準備をすることが重要です。

一方で、サービスの担い手である**従業員の安全が確保されなければ、サービスの継続ができない**点も考慮が必要です。過重労働やメンタルヘルスへの対応を適切に行うことも事業者の大事な責務です。

BCP作成のポイント　図

BCPとは

組織の損害を最小限に抑え、重要な業務を継続しつつ、早期復旧を図るための経営戦略

自然災害

会社

感染症流行

IT災害

対人援助職に求められる対応の例
- サービスの担い手である従業者の安全確保
- 非常時でも「生活の場」を提供し続けるための工夫
- 重度化を見越した感染防止策の徹底

BCP作成のポイント

自然災害BCP

1. 正確な情報集約と判断ができる体制を構築
   - 関係者の連絡先、連絡フローの整理　など

2. 自然災害対策を「事前の対策」と「被災時の対策」に分けて、同時にその対策を準備
   - ▶事前の対策（今何をしておくか）
   - ・インフラが停止した場合のバックアップ　など
   - ▶被災時の対策（どう行動するか）
   - ・初動対応（利用者・職員の安全確保・安否確認等）など

3. 業務の優先順位の整理
   - 職員の出勤状況、被災状況に応じて対応できるようにしておく

4. 計画を実行できるよう普段からの周知・研修、訓練
   - 平時からの研修・訓練の実施　など

出典：厚生労働省「介護施設・事業所における自然災害発生時の業務継続ガイドライン」（令和6年3月）をもとに作成

感染症BCP

1. 施設・事業所内を含めた関係者との情報共有と役割分担、判断ができる体制の構築
   - 関係者の連絡先、連絡フローの整理　など

2. 感染（疑い）者が発生した場合の対応
   - 感染（疑い）者発生時の対応について整理し、平時からシミュレーションを行う

3. 職員確保
   - 事業所内・法人内における職員確保体制の検討　など

4. 業務の優先順位の整理
   - 職員の出勤状況に応じて対応できるようにしておく

5. 計画を実行できるよう普段からの周知・研修、訓練
   - 平時からの研修・訓練の実施　など

出典：厚生労働省「介護施設・事業所における感染症発生時の業務継続ガイドライン」（令和6年3月）をもとに作成

17
ハラスメント防止

ハラスメントの定義と種類

ハラスメントとは、他者に不利益やダメージを与えたり、不愉快にさせたりするような身体的・精神的な攻撃、いじめ、嫌がらせのことをいいます。職場の力関係による**パワーハラスメント**や、性的な嫌がらせをする**セクシュアルハラスメント**、妊娠出産に関連する**マタニティハラスメント**、心理的な悪影響を及ぼす**モラルハラスメント**、性別に基づく差別をする**ジェンダーハラスメント**など、職場でのハラスメントは多数存在します。

ハラスメントにどう対応するか

職場において、冗談めかして相手の容姿やクセをからかう、何度もしつこく叱りつけるなど、被害者側が嫌だと感じても拒否できないような状況でハラスメントが続けられているケースは少なくありません。加害者には悪気がなくても、不愉快な気分を我慢しながら対応しているうちに、心理的に追い詰められてしまい、働き続けることが困難になってしまうケースもあります。相手が部下や後輩など「嫌でも抗えない」立場にないかどうかを考えながら、適切なコミュニケーションを心がけましょう。

また、自分が加害者にならないよう心掛けることはもちろんですが、もし自分がハラスメント被害に遭った場合には、早めに社内の相談窓口などを利用し、状況がそれ以上進まないよう対策を講じましょう。

同僚などがハラスメントに遭遇している様子を見聞した場合には、本人に寄り添い、味方としてサポートすることも重要です。ハラスメントは、加害者側が無意識に行っていることも少なくないことから、被害者が声を上げにくい状況に陥りがちです。その点も含め、周囲の協力は必須といえるでしょう。

代表的なハラスメント　図

パワーハラスメント

職場などでの上下関係を背景に、立場の強い者が自己の地位や権力を利用して、部下などに対して心理的または物理的に不当な圧力や嫌がらせを行うこと

例 過度の要求、無視、侮辱、過小評価など

セクシュアルハラスメント

性的な言動によって相手に不快感や嫌悪感を抱かせる行為、または性的な要求を行うこと

例 不適切な冗談、身体的接触、性的関係の強要など

マタニティハラスメント

妊娠中や出産後の女性に対して、その状態を理由にした差別的な扱いを行うハラスメント

例 昇進拒否、解雇・退職の強要、不適切な発言など

モラルハラスメント

精神的な攻撃や侮辱、一方的な非難など、相手の心理状態に悪影響を及ぼす行為

例 過剰な批判・非難、過干渉、価値観の押しつけなど

ジェンダーハラスメント

性別に基づくステレオタイプや偏見から、特定の性別の人を不当に差別、侮辱、排除する行為

例 性別に基づく不平等な扱い、性別役割に関する固定観念など

18 クレーム対応

クレームへの上手な対応方法

クレームは商品・サービスに対する苦情ですが、主には**顧客の期待と現実のギャップにより発生します**。イメージを裏切られた気持ちから、怒りが沸いてくるのです。しかし、自分が一方的にイメージしていたものとの落差については、販売窓口に文句の言いようがありません。そうしたやり場のない怒りが電話口で大声で怒鳴る、製造元や販売店に長時間の電話をする、SNSに悪口を書き込むなどのクレーム行為に発展することが少なくありません。

クレーム自体は、先方が勝手にイメージしたり、期待したことに端を発しているため、完全になくすことはできません。しかし、**クレームへの対応は対応する側がコントロール**できますし、ポジティブに受け止めることで解決するケースも少なくありません。

大切なのは、①じっくり話を聴く、②ビビらない、③むやみに謝らない、の三つです。こちらの事情を話しても大抵は話を聴いてくれないので、傾聴に徹することが大切です。どんなに相手が怒りをぶつけてきても、言い分を冷静に聞き取りましょう。また、相手はこちらに責任を転嫁しようとするため、最初から謝罪しないことも重要です。

カスタマーハラスメントへの対応

昨今話題になっている**カスタマーハラスメント**にも注意が必要でしょう。対人援助職の場合、本来の業務範囲外の支援にもかかわらず、利用者や家族等から無理な要求をされたり、ささいなことで激怒して暴言を浴びせられたりすることもあるでしょう。毅然とした態度で臨むとともに、ほかのスタッフや公的組織などに相談し、一人で抱え込まないようにすることが大切です。

クレームへの基本的な対応　図

不安な気持ち

何で自分がこんな目に

想定外の状況

先が読めない

依存的な気持ち

クレームの背景

クレーマーの心理

自分のミス（勘違い、見積もり違い、行動など）に向き合わず、
相手に状況改善してほしいという気持ち

クレーム対応の基本姿勢

1　じっくり話を聴く

相手が言いたいことを傾聴し、あいづちやうなずきで「聴いている」姿勢を見せる

2　ビビらない

こちらが逃げ腰だと、相手の感情に拍車がかかるので、堂々とした態度で臨む

3　むやみに謝らない

話を聞いてから、まずは事実関係を確認し、こちらに非があることがわかってから謝る

その上で、しっかりと受け止めて、ともに解決していくことが大切

18　クレーム対応　121

第3章参考文献

- ピーター・M・センゲ(著)、枝廣淳子(訳)、小田理一郎(訳)、中小路佳代子(訳)『学習する組織——システム思考で未来を創造する』英治出版、2011.
- ダニエル・カーネマン(著)、村井章子(訳)『ファスト＆スロー 上 あなたの意思はどのように決まるか？』早川書房、2014.
- 大村美樹子『よくわかる！心理的安全性入門』スタンダーズ、2023.
- エイミー・C・エドモンドソン(著)、野津智子(訳)『恐れの無い組織——「心理的安全性」が学習・イノベーション・成長をもたらす』英治出版、2021.
- 外務省「JAPAN SDGs Action Platform」
  https://www.mofa.go.jp/mofaj/gaiko/oda/sdgs/index.html（最終アクセス2024年9月15日）

第 4 章

ミーティング・マネジメント

01 効果的な会議とは

ミーティング・マネジメント

　日本では、働く人の多くが1日あたり3時間以上、就業時間の4割近くを会議に費やしているといわれています。ここには資料の作成・印刷、議事録の作成など、会議に関連した業務に要する時間も含まれます。しかしながら、多くの時間を会議に費やしているにもかかわらず、会議本来の目的である**「意思決定の場」**とはならず、進捗報告をして終わっているという事例も少なくありません。**会議の参加者全員が人件費と時間的コストに配慮して、効率的な会議運営を心がけるべき**です。その効率的な会議運営に必要な管理手法こそが**ミーティング・マネジメント**です。

効率的な会議に必要なこと

　会議のムダをなくすためには、**参加者が会議におけるルールを認識しておく**ことが重要です。貴重な時間を費やすべき意義のある場にするために、何を決めるのか、そのためにどのような事項を検討すべきかといった目的を明確にすること、また何らかの意思決定を行い、次の行動に向かう指針を定めることを意識して会議に臨む必要があります。

　加えて、資料は事前に準備し、可能であればメールなどで配布しておく、開始時刻と終了時刻の厳守といった**時間的コスト**にも配慮が必要です。特に開始時刻に関しては、**参加者全員が揃っていない場合でも開始時刻になった段階でスタートする**のが円滑な会議運営のコツです。

　会議を円滑かつ効率的に進行するためには、**ファシリテーター**の存在が重要です。参加者それぞれの意見を引き出し、交通整理をすることで、ゴールにたどり着くことができます。

ミーティング・マネジメント　図

ミーティングチェックリスト

- ☐ 時間どおりに始まらない
- ☐ 議題とは関係のない雑談から始まる
- ☐ 決めるべき案件がないのに会議が開催される
- ☐ 会議の最初にその会議のゴールが明示されない
- ☐ まとまらない話をする人や、話の長い人がいる
- ☐ 会議中に内職をしている人がいる
- ☐ 会議全体を通して一度も発言しない人がいる
- ☐ 毎回配布される紙の資料が多すぎる
- ☐ ファシリテーター（まとめ役）がいない
- ☐ 今回のテーマと関係ない人が出席している
- ☐ 結論が出ない

> チェックが5個以上ついた場合は、会議の見直しが必要かもしれません。

ミーティング・マネジメントの五つの要素

①目的を明確にする
- ☑ 議題や目的は何か
- ☑ 検討すべき事項は何か
- ☑ 注意すべき点はあるか

②開始時刻と終了時刻を厳守する
- ☑ 定刻で会議を開始する
- ☑ 進行中はタイムキーパーを設ける

③何らかの意思決定を行う
- ☑ 会議終了時に結論をまとめる
- ☑ いつまでに／誰が／何を決めるのか・実行するのかを明確にする

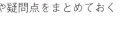

④開始前にテーマを共有する
- ☑ 事前に資料を配布し、参加者それぞれが意見や疑問点をまとめておく

⑤ファシリテーターが進行する
- ☑ 議論の交通整理やタイムマネジメントを行い、会議を円滑に進行する

01　効果的な会議とは

02 資料作成／配布

▸ 会議に必要な資料とは

会議では、議題などを明確にするための資料が必要です。資料の種類には、議題と報告事項の詳細、注意事項などを記した**レジュメ**、会議中に議題や論点を参加者間で共有するための**スライド**、会議の結果（議決・未決事項）や今後の役割分担などをまとめた**議事録**の三つがあります。レジュメは会議開始前に配布し、参加者が事前に議題や疑問点などを把握しておくために活用されます。スライドはプロジェクターなどで投影し、議論の現在地を明確にするために役立てます。議事録は決定事項を共有し、すべきことを明確にするとともに、事後に第三者が見ても会議の内容がわかるような記録として残しておきます。レジュメと議事録は必須ですが、スライドは可能な範囲で活用するとよいでしょう。また、レジュメとスライドは事前に準備しておくと、会議開始時に議題の討議順などを決めるのに役立ちます。

▸ 資料はデジタル化してオンライン配布

会議前には事業所内のコピー機が大活躍、資料のホチキス留めで大忙し、というのは非効率的です。これからは、会議のたびに紙の資料を印刷するのではなく、**デジタル化**を進めましょう。事前に参加者にメールで送信、共有サーバーがあれば該当ファイルを知らせるなどのひと手間だけで配布が完了します。どうしても紙の資料がほしいという参加者には、個別に印刷してきてもらえばよいでしょう。

資料をデータに移行することで、紙やプリンタの物理的なコストが削減できるだけでなく、印刷やファイリングの手間がなく、記録閲覧時の検索性なども向上します。会議開始直前に数字の変更が発生した場合も、修正が容易で、常に最新情報を共有できます。

会議における資料の活用 図

会議で用意すべき三つの資料

①レジュメ	②スライド	③議事録
	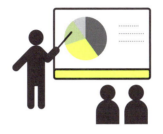	
使用場面　事前に配布	使用場面　会議中	使用場面　会議後

目的
・会議に関連するデータ（表、グラフなどを含む）とその説明を記載し、事前に疑問点等を整理してもらう

目的
・議題や論点を参加者間で共有する
・視線を前方に集約し、議論に集中させる

目的
・会議での決定事項と今後の行動指針を共有する

デジタル化のメリット

	デジタル	紙
配布	メールでの一斉送信／資料を保存した場所の通知	印刷やホチキス留めの手間がかかる
修正	いつでも修正できる ※版数管理を行い、最新版であることを明示する	修正箇所をつど通知する
保存	キーワード検索ですぐに見つけられる	内容の検索に時間がかかる
議論への影響	スライドを共有することで議論に集中できる	スライドの内容をメモする必要があるため記録に集中し、発言できないことがある

02 資料作成／配布　127

03
ファシリテーション①
ファシリテーターの役割

ファシリテーションとは

　ファシリテーションとは、会議が円滑に進行するよう、また参加者それぞれが発言しやすくなるようサポートし、会議を舵取りすることをいいます。参加者の合意形成と相互理解を促すことで、会議の目的が達成されることを支援します。

　会議において、ファシリテーターが担う役割は、**①司会進行、②交通整理、③合意形成、④時間管理（タイムマネジメント）、⑤雰囲気づくり**の五つです。

どのようにファシリテーターを決めるか

　ファシリテーターは、会議全体の進め方を把握し、参加者全員に目配りができることが求められます。一般的にはコミュニケーション能力が高い人が向いていると考えられますが、得手不得手はあるにせよ、準備次第でどんな人でも務められます。

　ただし、健全な議論のためには、**その場における最終的な意思決定者がファシリテーターになることは避ける**必要があります。これは決定権がない参加者が意見を出しにくくなってしまうためです。

　では、ファシリテーターを経験したことがない人が円滑に会議を進行するためには、何をすればよいのでしょうか。それは**事前に議論の内容を把握して段取りをしておくこと、時間配分を守るための工夫を行うこと**です。これらの工夫をすることで、徐々に会議をうまく進められるようになります。今後リーダーとして活躍してほしいメンバーをファシリテーターに抜擢することは、本人にとってもよい成長の機会になるでしょう。

　参加者全員がファシリテーターを信頼し、進行に従うマインドを共有しておくことも重要です。

ファシリテーターとは 図

ファシリテーターの役割

- **司会進行／議題の優先順位づけ**
  「まずはこの議題から議論しましょう。」

- **議論の交通整理**（意見を引き出す・発言のサポートをする）
  「Aさんの意見も聞いてみましょう。」

- **合意形成**
  「今日の議論をもとに行動に移していきましょう。」

- **時間管理（タイムマネジメント）**
  「では、ここで5分休憩します。」

- **会議の雰囲気づくり**
  「始める前に簡単な自己紹介をしましょう。」

ファシリテーターの意義

	ファシリテーターがいる場合	ファシリテーターがいない場合
議論の優先順位	優先順位が高い順に議論される	ランダムに議論される
意見の対立	交通整理することで冷静に議論される	立場の強い人の意見が通る
時間管理	時間どおりに行われる	時間切れになりやすい
結論	何らかの形で結論に導く	結論が出ず、状況報告で終わる
会議の雰囲気	誰でも発言しやすい	役職者や立場の強い人の発言が多くなる

03 ファシリテーション① ファシリテーターの役割

04
ファシリテーション②
意見を引き出す

▶ 意見を言わない理由とは

　会議に出席していても、自分の意見や質問を言おうとしない人がいます。この理由として、「自分の意見が正しいという自信がなく、周囲から非難されるのが怖い」「反対意見を述べると、周囲との関係性が壊れるリスクがある」「自分の意見には価値がないと思い込んでいる」「自分が意見を言わなくても大勢に影響はないと考えている」「人前で話すのが苦手」といったことが考えられます。いずれにおいても、会議において、**自分が発言をすることに対して必然性を感じていない**ケースが多くみられます。

▶ 意見の引き出し方

　参加者が**意見を述べやすい環境づくり**のためには、いくつかのテクニックがあります。例えば、「〇〇さんだったら、このような利用者に対してどう対応しますか」と**具体的な問いかけをする**ことや、「隔週で利用者訪問を実施するとしたら、どのように対応しますか」と**仮説を提示して、それに対する意見を求める**方法が考えられます。

　また、どのような意見を述べるか迷う様子が見られる場合は、「ここまでの議論で△△と□□という意見が出ました。次に検討すべき課題はどのような点でしょうか」と**状況を整理して伝える**方法や、「いろいろと意見が出ましたが、〇〇さんはどうお考えですか」と**ほかの人の意見が出てから個別の声かけをする**といった方法も効果的です。

　どのような参加者に対しても、**ファシリテーターが先導し、発言しやすい雰囲気をつくり、導線となるような声かけをしていく**のが望ましいでしょう。その際、「ご意見はありますか」といった Yes/No で答えられる質問ではなく、「どのように思いますか」と具体的な回答を求める問いかけをすれば、議論が活発化するきっかけになります。

130

意見を引き出す工夫　図

意見を引き出す工夫

制限時間や意見の数を提示する	参加者の議論への参加を促す	誰かの意見に対し、別の人の意見を求める
10分間でグループごとに15個以上のアイデアを出してください。	一人ずつ順番に意見を言っていただきます。	Aさんからこのような意見が出ました。Bさんはどうお考えになりますか。

ファシリテーターによる進行のポイント

1　場の設定

・いつ、何を目的として開催するか
・参加者は誰か
・注意すべきことはあるか　　など

※上記を会議が始まる前に参加者に向けて通知し、きちんと把握してから
　当日参加できるように準備してもらう

2　意見を引き出し、まとめる

・参加者全員が発言できるようにする
・さまざまな意見が出るようにする
・対立が生じそうなときは交通整理をする
・意見を少しずつまとめていく　　など

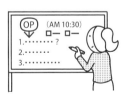

3　合意形成を図る

・会議終了時に結論をまとめる
・いつまでに／誰が／何を決めるのか(実行するのか)を明確にする
など

04　ファシリテーション② 意見を引き出す　　131

05 ファシリテーション③
合意形成

合意形成とは

合意形成とは、異なる意見や視点をもつ参加者が話し合いや議論を通じて共通の認識や目標を見つけることをいい、同じ業務やプロジェクトに携わる関係者間や、サービス利用者などとの意見の一致を図ることをさします。ファシリテーションのスキルは、円滑に合意形成を図り、その後の業務をスムーズに進める上でも、不可欠といえます。

合意形成を行うためには、**ファシリテーターが率先して議論の方向性をコントロール**することが有効です。さまざまな意見を聞きながら、妥協点を見出し、お互いが納得する地点に導いていきます。

具体的には、まず会議の課題を再確認します。次に課題への対応案について参加者全員に向けて諾否を質問し、**多数決で賛成が多ければ合意としますが、反対意見がある場合には、それぞれの反対理由を確認していきます**。そして、それぞれの意見の共通項を見出し、再度決議を行い、賛成多数になったら合意とします。このときのポイントは、「参加者の意見は異なる」ことを前提とすることです。対立したままにせず、質問を重ねながらしっかりと主張してもらうことで、無理のない合意が得られます。

合意形成と意思決定の違い

会議における結論と、組織全体の意思決定は若干異なります。参加者の役職等によっては、必ずしもその場での合意が、上層部に認められるとは限らないからです。とはいえ、会議の参加者の合意形成を経て、初めて上層部、あるいは決裁者に議事を提案し、最終的な意思決定がなされる場合がほとんどでしょう。だからこそ、まずは会議における合意形成を丁寧に行うことが重要です。

合意形成のポイント　図

合意形成へのステップ

例　課題（人員不足）解決の合意形成のプロセス

- **課題**：サービス利用者の増加に伴う人員不足
- **質問1**：一部のサービス料金を値上げする？
  - **同意（YES）**：継続のためやむを得ない
  - **非同意（NO）**：利用者の負担を増やしたくない
- **質問2**：サービスの仕様の見直しで人員計画を再検討する？
- **合意**

※色つきの四角がファシリテーターによる進行、白い四角が参加者の回答

合意形成時の注意点

どちらかが一方的に話すことがないようにする

声の大きいほうだけの意見が通るのではなく、それぞれが自説を主張する場を設ける

Win-Winを目指す

合意の結果、双方にメリットがもたらされるような提案を行う

それぞれが納得できそうな仮説や条件を提示する

「もし○○だったとしたら任せることができますか」「○○に限れば賛成ですか」など、限定的にでも双方が許容できるような落としどころを見つける

05　ファシリテーション③ 合意形成

06 ファシリテーション④
その他の役割

▶ 板書（ホワイトボード）

議論の焦点やそれぞれの意見を共有するため、ホワイトボードなどに板書を行い、議論を**「見える化」**することが重要です。現状の論点や、賛成／反対意見を明確にし、議論の流れを一本化できるようにしましょう。

板書する際は、**話の流れに準じて、ポイントを箇条書きにしてまとめていきます**。対立する意見は、それぞれのメリット／デメリットが対照的になるような書き方をしたり、切り口をそろえて書くようにすることで、さらなる意見や質問を促すこともできます。

▶ 質疑応答

一通りの意見が出終わったタイミングで、**質疑応答**に移ります。質問内容に応じて、回答者を指名していきましょう。**回答が終わったタイミングで、内容を要約して板書**できるとよいでしょう。なかなか質問が出ない場合には、ファシリテーターが代表して「では、まず私のほうから質問をさせていただきます」と口火を切るのも有効です。質問者が質問のなかで自説を展開するような場合には、ファシリテーターが途中で割り込んで「質問内容は〇〇ということでしょうか」と要約して、回答者を指名するようにします。

▶ 話題が脱線したときの修正方法

参加者が議論のポイントから外れたり、関係のない意見を述べ始めてしまったような場合こそ、ファシリテーターの出番です。話の合間に「ちょっとよろしいですか」と割り込み、「順番に意見を聞いていきます」などと、**相手の発言にブレーキをかけます**。その際、相手の発言自体を否定する表現をしないように注意しましょう。

ファシリテーションの工夫 図

板書のポイント

- ☑ 図示する
- ☑ 箇条書きにする
- ☑ 短くコンパクトにまとめる
  - ・人が一度に知覚できる文字数は、9〜13文字といわれている
  - ・漢字ではなく、カタカナやアルファベット、記号なども使い、短くまとめる(時間も短縮できる)
  - 例
  - オープニング→OP
  - 看護師→Ns
  - ケアマネジャー→CM
  - 上がる・下がる(増える・減る)→↑↓
  - など
- ☑ キーワードを取り上げる
- ☑ 参加者全員に見えるように書く
- ☑ 声に出して読み上げながら運用する

- ☑ 読みやすい文字(ゴシック系)で書く
- ☑ カラーマジックを用意して、内容によって色分けしながら記入する
  - ※マジックはインクが出るかどうかを会議開始前に必ず確認しておく

脱線の戻し方

話に割り込む
ちょっとよろしいでしょうか。現在の話題である◯◯についてはどう考えますか。

話を引き戻す
Aさん、そういうお考えもあるとは思いますが、先ほどのBさんの意見についてはどうお考えですか。

話を発展させる
ということは、これまでの議論は◯◯というゴールに向けて進んでいるということでしょうか。

06 ファシリテーション④ その他の役割

07 プレゼンテーション

▶ よいプレゼンテーションとは

　プレゼンテーションの目的は、**聞き手に何らかの行動を起こさせること**です。「よい話を聴いた」「上手なスピーチだった」と言われることではありません。伝えたいこと、相手に求めることを明確にし、「ぜひやってみたい」「試さずにはいられない」という気持ちにさせるような、具体的に相手を動かす表現を心がけましょう。

　その上で必要なのが、スライドの工夫です。色彩豊かで動きのあるスライドはインパクトがありますが、端的に議論したいポイントをまとめてあれば、**文字だけでも十分に主旨を伝えられます**。気をつけたいのは、**文字（フォント）のサイズを20ポイント以上にして箇条書きにしたり、1枚のスライドで伝える内容は1テーマに絞ったりするなど、見る側が迷子にならないようにすること**です。会議の内容や時間にもよりますが、1時間のプレゼンテーションで必要なスライドは5〜6枚程度です。内容を説明し、それに対する質疑応答や議論を行う時間を考慮し、説明できないスライドが残らないよう時間配分します。

▶ 人前で話すことへの抵抗感

　多くの人の前で話をする際には、どこかで「聴衆によく思われたい」「間違えてはいけない」という意識に縛られてしまいがちです。しかし、多少言いよどんだり、言い間違いをしても問題はありません。正確無比に話そうとせず、**自分が伝えたいことが伝わるように、①会場全体を見渡しながら、②聞いている人に話しかけるように、③呼吸のペースをゆっくりとする**という3点を意識してプレゼンテーションをしてみましょう。もちろん、事前に内容を把握し、時間配分を含めリハーサルしておくことも重要です。

プレゼンテーションの工夫 図

スライド作成のポイント

ポイント①　大見出しの設定
大見出しは内容が一目でわかるようにする。結論がわかる大見出しを設定することも効果的

ポイント②　項番の設定
情報の階層ごとに番号をつけておくと、どの部分を説明しているかが明確になる

ポイント③　箇条書きにする
人間が一度に認識できる文字数は9〜13文字程度。箇条書きでポイントを端的に示す

ポイント④　色使いをしぼる
表などを用いる際は、使う色をしぼることで、見やすくなると同時に、項目を並列に（優劣がないように）見せることができる

● 対人援助職とストレスマネジメント

■ ストレスの主な原因

◎職場環境
①上司や同僚との人間関係
②業務量の多さ
③新しいスキル（ICT活用など）へのニーズ

◎感情的要因
①利用者や家族への感情移入
②緊張感の持続

◎個人的要因と組織的要因

	具体的な原因	主な影響
個人的要因	プライベートな問題との両立	ワーク・ライフ・バランスが崩れる
	自己のケアの不足	身体的・精神的健康が崩れる
組織的要因	人員の不足	業務量が過多になる
	コミュニケーションの不足	チームワーク形成や業務が滞る

プレゼンテーションのポイント

姿勢・動作
・背筋を伸ばし、ふらつかない
・登壇時にはゆっくり、堂々と
・緊張しがちなときには手を軽く結んでへその下あたりにおく

表情・目線
・常に一人ひとりに話しかけるように穏やかに話す
・ゆるやかな笑顔で余裕を見せる
・会場全体をゆっくりZ字型に見ていく
・視線は長目に、きょろきょろしない
・こちらを見てうなずいてくれる人を探し、時々目線を向ける

話す内容
・内容を習熟し、データなどの裏づけをとる
・論理的でわかりやすい構成とする
・相手の興味やニーズを的確にとらえる
・伝えたい思いやメッセージを明確にする

08 アイスブレイク

▶ アイスブレイクとは

アイスブレイクとは、文字どおり「氷を溶かす」、つまり**固まった場の雰囲気を崩し、和ませること目的とした動作**をいいます。会議や研修など初対面の人同士が出会う場面で、参加者の緊張をときほぐすために用います。ほかにも**アイスブレイク**には、疲れで眠気が出てくることを防いでリフレッシュする、初対面やあまり親しくないメンバー同士がお互いを知り、打ち解けやすくするといった目的もあります。

▶ アイスブレイクの実践

アイスブレイクでは、誰にでもできるような簡単なゲームやクイズを行うことで、楽しく、和気あいあいとした雰囲気が生まれます。どのようなアイスブレイクを実施するかは、参加者の属性や人数などによっても異なりますが、5〜20名程度のグループで行うなら、**「伝言ゲーム」**や**「うろ覚えドローイング」**といったものがあります。

伝言ゲームでは、5名程度のグループを複数つくり、各グループでリーダーを決めます。ファシリテーターがリーダーを集めて7〜8語の言葉を伝え（メモは厳禁）、その内容をリーダーはメンバーにできるだけ正確に伝えます。最後のメンバーまで伝わったら、各グループに伝言した内容を発表してもらい、正確さを競います。

うろ覚えドローイングでは、有名なキャラクターや、よく知られている企業のロゴマークなど、私たちが日常的に目にしているさまざまなものを題材にして、制限時間内にできるだけ正確に思い出しながらそれらを絵に描いてもらいます。グループ内でそれぞれの絵を発表し合った後、講師がスライド等で正解を示すことで、お互いのユニークさに気づき、自然と会話が生まれてくるでしょう。

アイスブレイク　図

アイスブレイクのメリット

- 雰囲気を和らげる
- 参加者の緊張をほぐす
- リフレッシュできる
- メンバー同士がお互いを知るきっかけになる

アイスブレイク（例）

伝言ゲーム

①グループごとにリーダーを選出し、ファシリテーターから各リーダーに7～8語の言葉をこっそり伝達する

（例）彼の新しい鞄は革製で高価です

②リーダーはメンバーの1人にこっそりと伝え、それをグループ内で順々に伝言していく

③各グループの最後のメンバーが伝言内容をそれぞれ発表する

（例）彼のバッグは革で高価です

うろ覚えドローイング

①日常的によく目にするものをお題にする

例　コンビニエンスストアのロゴ
　　お菓子のロゴ
　　有名ブランドのロゴ
　　有名なキャラクター
　　など

②制限時間を設けて記憶だけを頼りに参加者それぞれが絵を描く

③参加者同士で描いた絵を見せ合い、気づいたことなどを話し合う

08 アイスブレイク

09 オープンクエスチョン

オープンクエスチョンとは

　質問には、回答範囲を制限せず自由に答えるものと、「はい／いいえ」の二者択一で答えるものの2種類があります。前者は**オープンクエスチョン**、後者は**クローズドクエスチョン**と呼ばれます。会議での意見交換の際などに、相手に確認したい内容に合わせた質問形式を選択することで、効率的なやりとりを行うことができます。

　オープンクエスチョンを利用するメリットとしては、**自由に回答してもらうことで、相手のアイデアをより具体的に聞き出すことができる**という点があげられます。さらに、一つの回答をもとに掘り下げていくことで、より詳しい意見や情報も引き出しやすくなります。

　一方、デメリットとしては、**相手との関係性や相手の問題に対する理解度次第で、回答の質や量が変わってくる**ということがあります。さらに、どこまで聞きたいことを語ってもらえるかは、相手がどの程度質問の意図を理解しているのか、また語彙力や表現力などがどの程度あるのかにも左右されるでしょう。特に意思決定の場面では、相手の諾否について解釈の相違がないように、オープンクエスチョンで質問した後に、クローズドクエスチョンで「Yes/No」を確認しておく必要があります。

オープンクエスチョンを使ったほうがよい場面

　具体的なアイデアや相手の考えを語ってもらい、さらに深掘りしていきたいときには、オープンクエスチョンが適しています。また**会議で時間に余裕がある場合や、キーパーソンの考え方をより具体的に共有したい場合**などは、発言のニュアンスや、背景状況なども含めて聞き出すことができるオープンクエスチョンが適切でしょう。

オープンクエスチョンの実践　図

オープンクエスチョンとは

自由な形で答えることが
できる質問

Why?
なぜ？

What?
何を？

How?
どうやって？

幅広い意見を集めるときに効果的

メリット
・想定以上の情報が引き出せる
・自由な表現で答えてもらえる
・会話が展開しやすい

デメリット

・会話の方向性を予測しにくい
・相手との関係性によって回答の質が変わりやすい
・期待していた回答が得られない可能性が高い

オープンクエスチョンの活用例

**具体的な事例を
あげてもらう**

例　これまで対応した事例には
どんなものがありましたか。

**相手のアイデアを
引き出す**

例　このようなケースにはどう
対応すべきでしょうか。

相手に考えさせる

例　近年の利用者動向の変化をふま
えると、どのような対策が必要
でしょうか。

話題を広げる

例　これ以外のパターンとして、
どのような事例が考えられ
ますか。

10 クローズドクエスチョン

クローズドクエスチョンとは
クローズドクエスチョンは、「はい／いいえ（Yes/No）」の二者択一で答えられる質問形式をいいます。

　クローズドクエスチョンを利用するメリットとしては、シンプルに回答してもらうことで、**Yes/No や OK/NG などを判断しやすい**ことがあげられます。相手に諾否を問う場面や、決断を迫るようなときには、クローズドクエスチョンを用いることで、相違なく回答を引き出すことができるでしょう。また、「～でいいですね」「OK でしょうか」などと、相手から「Yes」を引き出すような尋ね方をすることで、答えやすい状況をつくることができます。

　その反面、選択肢が限定されていることで、決定を促しているにもかかわらず、回答が「No」の場合には、また別のアイデアを一から出さなくてはならなくなります。**最終決定がほしい場面においては、ある程度、相手が「Yes」の回答を出しやすい設問を用意しておく**ことが会議をスムーズに進行するためのコツです。

クローズドクエスチョンを使ったほうがよい場面
　今後の方向性や行動方針を決めるような会議で、意志決定者から最終的な回答を引き出したり、参加者の多数決などを行ったりする際に適しています。また、**利用者に対して決断や行動を促す場面や、職場内での業務遂行の状況を確認するときなど、簡潔に状況を把握したいとき**に使いやすい質問形式です。

クローズドクエスチョンの実践 図

クローズドクエスチョンとは

「はい／いいえ」の二者択一で答えられる質問

発言が少ない参加者に質問するときや、意見を絞るときに効果的

メリット
・質問に答えやすい
・短時間で回答がもらえる
・結論が明確

デメリット
・会話が次につながりにくい
・具体的な考えや気持ちを推定しにくい
・尋問形式になりやすい

クローズドクエスチョンの活用例

諾否を確認する
例 利用者のこの要望について応じてよろしいでしょうか。

決断を迫る
例 では、この応募者は採用する方向で差し支えないでしょうか。

論点を絞り込む
例 経済的負担に関する問題を解決できればよいということでしょうか。

話のきっかけをつくる
例 このようなケースを担当されるのは初めてですか。

10 クローズドクエスチョン　143

11 タイムマネジメント
（会議に伴う）

▎会議に伴うコストを最低限に抑える

　昼休み前や就業時間後の会議などは、つい時間に余裕があるように思えて、だらだらと話が続いてしまいがちです。しかし、会議に長時間出席していればいるほど、参加者の人数分だけ、時間的・経済的コストの無駄が発生します。特に決裁者などが出席している場合には、会議に参加していない従業員が稟議を回せずに対応が延伸してしまうなど、会議以外の業務に影響することもあるでしょう。**会議の時間管理は、事業所のコスト管理である**ということを意識する必要あります。

　そこで、重要となるのが**タイムマネジメント**です。時間を管理することで、議題に応じた適切な時間配分や、迅速な意思決定につながり、会議の生産性を高めます。

▎タイムマネジメントの手順

　まず**会議の目的を明確にし、参加者と事前に共有する**ことが重要です。これにより、全員が同じ目標に向かって議論を進めることができます。また、**議題を具体的に設定し、各議題に対する時間配分をあらかじめ決めておく**ことで、重要なポイントに焦点を当てて議論を深めることができるでしょう。

　会議開始時には、ファシリテーターが議題と時間配分を告知して、参加者の時間に対する意識を高めます。ファシリテーターがタイムキーパーを務めて（場合によっては、ほかの人を指名して）会議を進め、終了時間が近づいてきた場合は、**重要度に応じてテーマの優先順位を再確認したり、議題を次回に持ち越す決断をしたり**します。会議終了時には、決定事項や次のステップを明確にして責任者を指名し、会議での決定事項を確実に実行できるようにしましょう。

タイムマネジメントの実践 図

タイムマネジメントにおける主な管理対象

発言時間
- 一人あたり3分以内で発言してください。
- 3分を越えたらベルを鳴らします。

終了時間
- この会議は16時に終了します。
- 15時50分以降はまとめに入りますので、ご了承ください。

休憩時間
- 今から5分間休憩とします。
- 14時半から再開するので1分前までに着席してください。

タイムマネジメントにおける対応のポイント

課題①
レジュメを事前に読んでこない人がいる

 対応のポイント

会議前に読んでくるように会議開催の案内に書いておくとともに、各トピックの要点についてもまとめて記載しておく

課題②
延々と話し続ける参加者がいる

対応のポイント

3分以上話すようであれば、途中で区切る。また事前に発言の時間制限を設ける旨を全体に伝えておく

課題③
アジェンダ（議題）にないテーマの議論が始まってしまった

 対応のポイント

ファシリテーターがいったん区切り、アジェンダの内容に話を戻す

課題④
なかなか結論が出ない

対応のポイント

会議の時間を延長したり、「ご意見があれば」と会場に投げかけたりするのはNG。結論が出しにくいテーマについては、会議開始前に複数の落とし所の案を設定しておき、そのなかから選択・微調整しながら結論とするなどの工夫を行う

11 タイムマネジメント（会議に伴う）

12 フィードバックと情報共有

会議後のフィードバック

会議後の**フィードバック**、つまり会議の進め方、議論の内容や質などに関する意見や評価を伝え合うことは、チームの成長とサービス向上において非常に重要です。

適切なフィードバックを行うためには、まず<u>具体的であることを意識すべき</u>です。抽象的なコメントではなく、「データがビジュアルに示されていてわかりやすかった」というように具体的なポイントをあげることで、受け手が理解しやすくなります。また、<u>よかった点のほかに改善や工夫すべき点も伝えると</u>、受け手の自信を保ちつつ、<u>意欲の向上につなげることができる</u>でしょう。

フィードバックは<u>できるだけ早いタイミングで伝える</u>ことも重要です。会議が終了した直後など、フィードバックを伝える側・伝えられる側の双方が会議の内容を鮮明に覚えているタイミングで伝えると、フィードバックの効果が高まります。

会議の結果をいかに情報共有するか

フィードバックと並んで会議後に重要なのが**情報共有**です。会議の内容をチーム全体で共有し、チーム全体の理解を深め、連携を強化する必要があります。フィードバックと同様、会議終了直後、迅速に情報共有を図りましょう。また、その際、会議の内容を明確かつ簡潔に、そして具体的に整理した**議事録**も用いて共有します。

このような工夫をすることで<u>会議に参加していない（参加できなかった）職員とも会議の内容を共有し、同じ方向を向いて取り組むことができる</u>ようになります。

フィードバックの手順　図

会議等の終了直後

迅速にフィードバックを行う

〈フィードバックの流れ〉

①認識の共有
具体的に、何についてのフィードバックを行うのか、認識の共有を図る

②行動のフィードバック
どのような行動があったのかを伝える。このとき、相手（フィードバックを受ける側）にどのような意図や考えがあったのかを推測することは避け、客観的な事実のみを伝えるようにする

③影響のフィードバック
②の行動について、思ったことや感じたことを伝える

迅速に会議に参加していない（できなかった）職員とも共有を図る

〈議事録のポイント〉
・決定事項を明確に把握できる
・どのような課題について検討されたか知ることができる
・次回以降の会議で決定すべきことや、それに関連する議題について考えるきっかけになる

12　フィードバックと情報共有

13 アイデアを引き出す

オズボーンのチェックリスト

　アイデアを引き出す手法はいくつかありますが、ここではアメリカの実業家であるA・オズボーンが生み出した、いわゆる**「オズボーンのチェックリスト」**を紹介します。これは現在すでにある物事を改善・改良したり、応用したりする際には、**①転用、②適合・応用、③変更、④拡大、⑤縮小、⑥代用、⑦再配置、⑧逆転、⑨結合の九つの観点からアプローチすることで、大量のアイデアを一度に捻出できる**という手法です。これらの観点を網羅することで視野や発想を広げられる反面、検討する物事によっては不要な項目があったり、項目に頼ることで検討すべき事項を見落としてしまったりすることもあります。優先すべき項目に当たりをつけてから取り組むなどの工夫をすることで、さらに効果的に活用できるでしょう。

4アクションルール

　イノベーションを起こしたいときには、**4アクションルール**が便利です。これは**「取り除く」「大胆に減らす」「付け加える」「大胆に増やす」という四つの切り口からアイデアを検討していくことで、これまでなかった新たなアイデアを発掘する**という手法です。競争の激しい市場（レッドオーシャン）から脱却し、競争のない新たな市場（ブルーオーシャン）を目指すための手法としてよく用いられます。

　実践方法としては、まずホワイトボードなどに既存のアイデアを一つと、その周りに四つの切り口を書き出します。次に、会議の参加者にそれぞれの切り口について、どのようなアイデアが考えられるかをあげてもらい、そのアイデアをもとに優先度や実現性などを議論します。

アイデアを引き出す方法 　図

オズボーンのチェックリスト

①転用（Other uses）
・改変・改良すれば（またはそのまま）、ほかに用途はないか？

②適合・応用（Adapt）
・ほかに同じようなものがあるか？
・ほかの場所で使われているアイデアを目の前の課題に応用できないか？

③変更（Modify）
・色・形・音・におい・意味・動きなどを変えることはできないか？

④拡大（Magnify）
・大きさ・時間・頻度・高さ・長さ・強さを拡大できないか？

⑤縮小（Minify）
・より小さく（短く、軽く）できないか？
・省略できるものはないか？

⑥代用（Substitute）
・ほかの誰か・材料・場所・アプローチ・異なる構成で代用できないか？

⑦再配置（Rearrange）
・要素・成分・部品・パターン・配列・レイアウト・位置・ペース・スケジュールなどを変えられないか？
・原因と結果を替えられないか？

⑧逆転（Reverse）
・逆（正反対）にできないか？
・マイナスをプラスにできないか？

⑨結合（Combine）
・目的や考えを結合できないか？
・ほかのアイデアなどと組み合わせられないか？

4アクションルール

アイデアを無価値化する方向と、価値化する方向から検討し、イノベーションを生み出す

取り除く	長年当たり前だったが、現在は価値が低いとされる要素を完全に排除する
大胆に減らす	コスト削減や差別化にあまり寄与していない要素を減らす
付け加える	新しい価値提供につながる要素を創造する
大胆に増やす	業界標準よりも高いレベルに設定することで、顧客にとっての価値を高める要素を増やす

13 アイデアを引き出す

14 オンライン会議の進行とマネジメント

オンライン会議の普及

コロナ禍以降の環境変化で、**リモートワーク**（→ P.66）を取り入れる組織が増加し、ノートパソコンやタブレットなどの携帯端末の支給や、高速で通信できる環境の整備も進みました。それらに加え、ビデオチャットなどの場所を問わずやりとりできるアプリケーションも急速に普及したため、会議などをオンラインで行う機会も増えてきました。

オンライン会議の最も大きなメリットは、**コストの削減**です。アプリケーションを起動するだけで会議をスタートできるため、これまで必要だった移動にかかる時間が大幅に短縮されました。また、資料を画面に映し出せるため、資料の印刷・配布も不要です。そのため、移動や時間をはじめとするコストが大きく削減できるのです。

一方で、オンライン会議のデメリットとして、**非言語的な状況や、場の雰囲気を共有することが難しい**という点があげられます。親睦を深めたり、相手の言葉にならない感情を読み取ったりすることには不向きといえるでしょう。

オンライン会議の進行のコツ

オンライン会議を行う際には、対面の会議では不要だった配慮なども必要となります。例えば、オンライン会議では、ネット回線の遅延（ラグ）などによって発言の終わりがわかりにくいことがあります。そこで、「発言は指名された順に一人ずつ行う」「話し終わったら『以上です』と告げる」「細かい情報については、コメント欄に書き込む」などの**ルールを設ける必要が出てくる**でしょう。これはファシリテーターだけでなく、参加者全員が気をつけておきたいポイントです。

オンライン会議の実践 図

オンライン会議とリアル会議

	オンライン	リアル
参加の手軽さ	どこからでも参加できる	別々の場所にいる場合には移動が必要
資料配布	データで事前に資料を共有でき、保管も簡単	手元の印刷物で行うことが多く、用紙や印刷時間、保管のコストがかかる
議論以外のコミュニケーション	議論以外の会話は少ない	開始前後の雑談なども行うことが多い
設備	パソコンや回線などのセッティングが必要	会議室に行けば実施できる
記録	録画して事後に議論の流れが確認可能	議事録のみ

オンライン会議で押さえたいルール

開始前
- アプリを最新版にアップデートする
- カメラとマイク、スピーカーのチェック（ちゃんと映るか、聞こえるか）
- 資料があれば別画面で開いておく（または印刷したものを手元に置く）
- その場に適した名前の表記にしておく（例：○○部佐藤、など）

実施中
- ファシリテーターが指名してから話す
- 発言時以外はマイクをミュートする
- いったん席を外す、次に発言したいなど、個別の要件はコメント機能を利用する

14 オンライン会議の進行とマネジメント　151

第 4 章 参考文献

- 前田鎌利『30分ファシリテーション　会議を進める技術』池田書店、2022.

第 5 章

セルフマネジメント

01 ワーク・ライフ・バランス

ワーク・ライフ・バランスとは

ワーク・ライフ・バランスとは「仕事と生活の調和」のことで、内閣府は「国民一人ひとりがやりがいや充実感を感じながら働き、仕事上の責任を果たすとともに、家庭や地域生活などにおいても、子育て期、中高年期といった人生の各段階に応じて多様な生き方が選択・実現できる社会」を目指すことを掲げています。

仕事とプライベートがともに充実することで、ストレスの軽減や生産性の向上などさまざまな効果が期待できることから、働き方改革をはじめ、さまざまな施策が実施されています。近年は、仕事とプライベートのバランスをとるだけでなく、育児や介護と仕事を両立させるための支援や、**生涯学習支援**（キャリア形成などに向けた学習の支援）なども行われるようになりました。

対人援助職とワーク・ライフ・バランス

福祉や医療業界においては、業務の性格上、夜間帯や日祝日の勤務も必要とされます。そのため、家族との時間が確保しづらく、変則的な生活リズムになりがちです。さらに、決められた人員数を必ず満たすことが求められるため、突発的に休暇がとれなくなったり、出勤が連続してしまうことも少なくありません。

そうしたなかでワーク・ライフ・バランスを維持するためには、仕事とプライベートな時間を明確に区別することが必要です。できるだけ残業をしないで済むようなタイムマネジメントを職場全体で行う、計画的に有給休暇を取得し、業務から離れる時間をとるなど、個人が自由に使える時間を確保しましょう。充実した私生活を送ることが、対人援助職としての業務の質を維持することにもつながります。

ワーク・ライフ・バランス 図

ワーク・ライフ・バランスの考え方

ワーク（仕事）
- 休暇・休業制度の充実
- 研修などによるスキルアップ支援
- 働く時間の見直し

ライフ（仕事以外の生活）
- 子育てや介護
- 趣味の充実
- 家族との時間
- 休養の時間

相乗効果

ストレスの軽減や生産性の向上などさまざまな効果が期待できる

ワーク・ライフ・バランスが目指す三つの社会

①就労による経済的自立が可能な社会

経済的自立を必要とする者、とりわけ若者がいきいきと働くことができ、かつ、経済的に自立可能な働き方ができ、結婚や子育てに関する希望の実現などに向けて、暮らしの経済的基盤が確保できる

②健康で豊かな生活のための時間が確保できる社会

働く人々の健康が保持され、家族・友人などとの充実した時間、自己啓発や地域活動への参加のための時間などをもてる豊かな生活ができる

③多様な働き方・生き方が選択できる社会

性や年齢などにかかわらず、誰もが自らの意欲と能力をもってさまざまな働き方や生き方に挑戦できる機会が提供されており、子育てや親の介護が必要な時期など個人のおかれた状況に応じて多様で柔軟な働き方が選択でき、しかも公正な処遇が確保されている

02 バーンアウト

バーンアウトとは

　バーンアウト（燃え尽き症候群）とは、それまで仕事熱心だった人が、急に炎が燃え尽きるかのように労働意欲を失い、無気力状態に陥ることをいいます。心理学者の**H・フロイデンバーガー**によると、持続的な職業性ストレスに起因する衰弱状態により、意欲喪失と情緒荒廃、疾病に対する抵抗力の低下、対人関係の親密さ減弱、人生に対する慢性的不満と悲観、職務上能率低下と職務怠慢をもたらす症候群とされています。バーンアウトの特徴として、①情緒的消耗感、②脱人格化、③個人的達成感の低下があげられます。

　バーンアウトになりやすい人には、「まじめ」「仕事に集中するとほかのものが見えなくなる」「職務上付与された役割と自分の人格とを分けてとらえることができない」といった特徴があります。さらに、社会学者の**A・R・ホックシールド**は典型的な特徴として「職務上の苦情を、自分個人に向けられたととらえて思い悩んでしまう」ことをあげており、対人援助職や小中学校の教師など、医療や福祉、教育にかかわる現場でバーンアウトは起こりやすいといわれています。

バーンアウトを防ぐには

　業務過剰で心身ともに疲れ切ってしまうと、バーンアウトが起こりやすくなります。ストレスを自覚したら、いったん立ち止まり、休むようにする、上手な**ストレスコーピング**（➡ P.158）のスキルを身につけるなど、日頃から自分自身でストレスに配慮していくことがバーンアウトを防ぐ上では効果的です。

バーンアウト 図

バーンアウトとは

- 朝起きられない
- 会社に行きたくない
- アルコールの量が増える
- イライラが募る
- 突然、会社を辞める
- 急に仕事に対して無関心になる
- 過度の消費（買い物、ギャンブルなど）　など

さらに状態が悪化すると……　→

- 家庭生活の崩壊
- ひきこもり
- 自殺
- 犯罪
- 過労死
- 突然死　などを招くことも

バーンアウトの三つの分類

気持ちが疲れ切ってしまう（情緒的消耗）

仕事のしすぎで心身が疲れ、へとへとになってしまった状態
例 一日が終わるとぐったりしている、出勤前に家を出るのがつらくなる、仕事で疲れ果てて何もする気が起きない　など

自他への思いやりを失う（脱人格化）

他人とのかかわりを避け、目の前のことしか見えなくなる
例 自分の価値観や目標を見失ってしまう、他人がどうあろうと関係なくなってしまう　など

自己肯定感が著しく下がる（個人的達成感の低下）

仕事や自分の存在価値を見失う
例 自分なんて意味のない人間だと思う、やる気を失う、何のために生きているのかわからなくなる　など

02　バーンアウト　157

03 ストレスコーピング

ストレスコーピングとは

　心理学では、ストレスのきっかけとなる出来事のことを**ストレッサー**、ストレッサーが心身に影響を及ぼした結果を**ストレス反応**といいます。社会のなかで生きている以上、ストレッサーはなくせませんが、ストレス反応は自分次第でコントロールできます。このストレス反応への対処方法のことを**ストレスコーピング**と呼びます。

　ストレスを感じたとき、人は自分の得意なストレス対処を行います。例えば、仕事の帰りにおいしいものを食べに行ったり、休みの日に身体を動かしたり、あるいは早めに寝て疲れをとるなどです。しかし、繁忙期で気晴らしに出かけられる状況ではないなど、いつもの方法でストレス対処を行うことが難しい場合もあるでしょう。そのようなときは、ほかのストレスコーピングを試してみるとよいでしょう。ストレスコーピングの種類のことを**コーピングレパートリー**といい、全部で8種類あります。これらを臨機応変に使いこなすことができれば、ストレス耐性は格段に向上するはずです。

ものの見方を変える

　なかでも、手軽なストレスコーピングの方法が「よい面を探す」、つまり、ものの見方、とらえ方を変える、という方法です。これは心理学では**認知的再体制化**とも呼ばれるもので、**自分の当初の認識を、別の角度からとらえ直す技法**です。コップに水が半分入っているときに、半分しかないと思うか、まだ半分も残っていると考えるかという例を皆さんも耳にしたことがあるのではないでしょうか。自分にとってネガティブなことであっても、逆の位置から見たり、考え方を180度変えてみると、ポジティブな事柄としてプラスにとらえることができるようになります。

ストレスコーピング　図

出来事の受け止め方とストレス

場面　一緒に出かける約束をしていた友人に「ごめん、今日は急用ができた」と予定をキャンセルされてしまった

- Aさん　イライラ：ドタキャンするなんて……。
- Bさん　落ち込み：ずっと前から約束してたのに……。
- Cさん　前向き：時間ができたから、ずっとできていなかったことをやろう。

同じ出来事でも人によって受け止め方や受けるストレスが異なる

八つのコーピングレパートリー

問題焦点型コーピング	ストレスの原因となる問題や困難に直接取り組むこと

① 情報を集める
- すでに経験した人から話を聞いて参考にする
- 力のある人に教えを受けて解決しようとする
- 詳しい人から自分に必要な情報を収集する

② 問題解決の計画を立てる
- 原因を検討し、どのようにすべきかを考える
- どのような対策をとるべきかを綿密に考える
- 反省をふまえて次にすべきことを考える

③ 話を聞いてもらう
- 誰かに話を聞いてもらい、気をしずめる
- 自分の感情をはきだすことで冷静になる
- 愚痴をこぼして気晴らしをする

④ よい面を探す
- 悪いことばかりではないと楽観的に考える
- 今後はよいこともあるだろうと考える
- 悪い面を逆から見てみる

感情焦点型コーピング　問題や困難によって生じる感情に着目して取り組むこと

⑤ 責任を一人で抱え込まない
- 自分ひとりで解決しようとしない
- 力を借りられそうな人がいないか考えてみる
- その場ですべてを片づけようとしない

⑥ あきらめる
- 完璧を求めない
- 自分にできないことを正直に認める
- あわてずに解決を先延ばしにする

⑦ 気晴らしをする
- 買い物やおしゃべりで時間をつぶす
- 友達とお酒を飲んだり、好きなものを食べる
- スポーツや旅行などを楽しむ

⑧ くよくよ考えない
- 嫌なことを頭に浮かべないようにする
- 無理してでも逃れようとする
- 早めに寝て忘れる

03 ストレスコーピング　159

04 マインドフルネス

▶ マインドフルネスとは

マインドフルネスとは、過去や未来ではなく、**今この瞬間の自分の心と身体の状況に集中し**、自分の思考や感情、行動などについて善悪の判断や評価をせず、ありのままを観察する方法です。過去や将来に対する評価や判断を手放して、「今・ここ」に注意を払う技法で、1979年に **J・ジン**が心理療法の一環として始めたといわれています。

臨床現場でも、抑うつや依存症をはじめとするさまざまな精神疾患に用いられています。

▶ マインドフルネスの実践

マインドフルネスに到達する手段の一つに、**瞑想**があります。マインドフルネスの瞑想は、**脳を活性化させ、ストレスを溜まりにくくしたり、仕事のパフォーマンスを上げたりする効果があることが科学的に証明されており、さまざまな分野で大きな注目を集めています。

マインドフルネスの瞑想は、**「意識を集中する瞑想」**と**「気を配る瞑想」**の二つに大きく分けることができます。「意識を集中する瞑想」とは、自分の呼吸に集中して、空気が自分の中に入り、動いていく様子を集中的に味わう方法で、「呼吸によるマインドフルネス」ともいいます。それに対し、静かな場所でまわりの音などに耳を澄ませ、それ以外のことを頭の中から排除する方法が「気を配る瞑想」です。

最初は慣れない瞑想を難しく感じることもあるかもしれませんが、慣れるにしたがって、いつでもどこでも手軽に行えるストレスコーピングとしても活用することができます。

マインドフルネス 図

マインドフルネスとは

ふだんの心の状態
さまざまな雑念や迷いが生じる

- 未来の心配
- 過去の後悔
- 注意が分散しやすい
- 感情に流されやすい

マインドフルネス
今、自分がおかれている状態だけに目を向ける

- 今・ここを実感
- ストレスに対処できる
- 集中できる
- 感情をコントロールできる

呼吸の瞑想

Step 1
背筋を伸ばして座り、目を軽く閉じてリラックスする（肩の力を抜く）

Step 2
おなかに意識を向け、息を吸ったときにおなかがふくらむのを感じながら、呼吸を繰り返す

Step 3
雑念が浮かんできたときには原因を探して、呼吸に意識を向け直す

何度か繰り返し行う

04 マインドフルネス　161

05 アンガーマネジメント

なぜ人は怒るのか

人間は本能的に自分が危機的な状況であることを察知すると、「このままでいてはいけない」と**怒りの感情**が起こります。この感情が発生すると、イライラやじっとしてはいられないような衝動が沸き起こり、暴言や暴力などの行動に発展してしまうことがあります。怒りを表出することで、**周囲が自分のことを恐れる、あるいは言いなりになるといった体験がある人**は、環境を思いどおりに支配しようとして、**無意識に怒りを爆発させる**こともあります。

怒りのコントロール

怒りをコントロールする上で重要なのは、社会生活においては、怒りをあらわにすることが自分にとって不利にはたらく、という事実を認識することです。怒りに任せた言動が、自分の信用や人間関係を瞬時に台無しにしてしまうことを、しっかりと心に刻みましょう。その上で、怒りを感じたときには、まずはブレーキを踏んで「このままではいけない」ということを自覚しましょう。いったん立ち止まったら、次は「どうすべきなのか」を考えます。**ふだんから自分なりの怒りへの適切な対処方法を考えておくこと**で、感情のコントロールが利くようになり、現在の状況に適した言動がとれるはずです。

一方で、他人の怒りは簡単に抑えることができません。相手自身も感情を制御できない状態であることが多いので、制止しようとしても逆効果になりかねないのです。相手が怒りの感情に支配されているときは、**できるだけ冷静に状況判断ができるよう努め、これ以上、相手を刺激しないように客観的に対応を講じましょう**。暴言をぶつけられても聞き流すなど、自分と相手を切り離してとらえることが大切です。

アンガーマネジメント 図

怒りのメカニズム

危険な状況 → **脳が危険信号を察知** → **怒りの感情**

例 道を歩いていると、突然自転車がこちらに向かって突進してきた

例 自転車が接近していることを視覚で認識し、脳の偏桃体が危険信号を察知して危険信号を発する。自律神経が活発化し、心拍数が高まる

例 自転車がギリギリで止まった後も心拍数が高い状態が続く。徐々に落ち着きを取り戻すなかで恐怖が怒りに変わり、怒りの感情が表出される

アンガーマネジメントの3ステップ

Step 1　STOP：「待て！」と自分にブレーキをかける

怒りが暴走しないよう、いったん考えを停止する

Step 2　THINK：どうすればうまくいくかを考える

怒りの代わりに、どんな行動をすれば気持ちが落ち着くのかを考える

Step 3　GO：怒ることで問題は解決するのかなどを冷静に分析し、行動する

怒りが収まったら、改めて自分がとるべき行動を実行する

05　アンガーマネジメント　163

06

タイムマネジメント
（業務に伴う）

タイムマネジメントが注目される理由

　第4章では会議における**タイムマネジメント**（➡ P.144）を取り上げましたが、日頃の業務においてもタイムマネジメントを意識することが重要です。タイムマネジメントが注目される背景には、2019（令和元）年の**働き方改革関連法の施行**があります。これにより、長時間労働が常態化していた職場にも、**時間外労働の上限設定や年次有給休暇の取得が義務づけられました**。その結果、仕事量や職場の人数が変わらないなかで、いかに定められた就業時間内で効率的に業務を行うかが課題となったのです。コンプライアンス遵守の重要性も高まるなか、ルールを守りながら時間あたりの生産性を上げていくためにタイムマネジメントが注目されるようになりました。

タイムマネジメントの実践

　タイムマネジメントの主目的は、**限られた時間内で必要な業務を滞りなく進めること**です。もちろん、残業をしないことや有給休暇を消化することも大切ですが、与えられた時間のなかでいかに業務を遂行するかの工夫が個々人に求められます。

　タイムマネジメントを実践するにあたっては、まず始業前にその日の仕事の全体量を確認しましょう。自分が主体になって行うべきタスクをすべて書き出し、必要な時間を大まかに割り出すのです。その上で、緊急性と重要性に基づいて仕事の優先順位を決め、1日のスケジュールを組み立てます。このとき、**やることだけをピックアップするのではなく、「やらないこと」を明確にすることも大切**です。

　また、1日のスケジュールを組む際は、途中で予定変更などがあった場合にそれを記録しやすい形で記入しましょう。業務終了後に振り返りを行うことも大切です。

タイムマネジメントの実践 図

優先順位の付け方

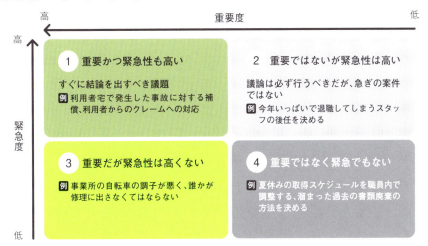

スケジュールの設定

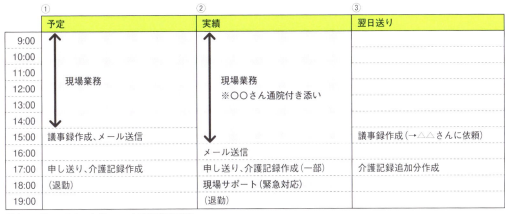

①当日の朝に一日のスケジュールを時間帯別に記入
②業務終了後、①と対比しながら実際に行った業務を記入
③本来行うはずだった業務のうち、できなかった項目を翌日分として抜き出して記載

・時間帯ごとのタスクが整理でき、仕事の区切りがつけやすくなる
・並べて記載していくことで、抜け漏れがなくなるとともに、予定外の業務がどのように入ってきたかを記録できる

06 タイムマネジメント（業務に伴う） 165

07 リラクセーション

リラクセーションでストレスに対処する

業務を進める上で、ストレスの原因となるさまざまな出来事に出会うことは避けられません。そのようななかで、**ストレッサー**（➡P.158）の影響から自分を守ろうとして、常に緊張した状態が続くことがあります。人は本来、身体的な疲労や精神的なストレスを軽減するための**「休息しようとする機能」**が備わっていますが、過度な緊張状態が続くと、それが十分に機能しなくなります。そうしたときには、**リラクセーション行動や、リラックスできる環境づくりをすることで、心身の回復機能を活性化させる**ことが必要です。

リラクセーションの実践

リラクセーションは、ストレス反応を低減させて心身の緊張を解きほぐすことを目的としており、近年では科学的にもその有効性が確認されてきました。**心身の自律機能が回復し、ストレス反応が起きにくい身体へと変化させる効果もある**とされています。

リラクセーションには、さまざまな実践方法があります。例えば、アメリカの医師であるE・ジェイコブソンが開発した**漸進的筋弛緩法**は、筋肉の緊張と弛緩を繰り返し行うことで、身体をリラックスさせる方法です。各部位の筋肉を10秒程度緊張させた後、ゆっくり弛緩することを繰り返していきます。

また、勇気づける言葉を自分にかけてあげることで、自己を信じる力を取り戻す**アファメーション**も効果的です。具体的には、「私はとても大切な人間です」「私は自分を愛しています」など前向きな言葉を自分自身にかけることで、自己受容やポジティブな思考へとつながっていきます。

リラクセーションの方法　図

漸進的筋弛緩法

筋肉の緊張と弛緩を繰り返し行うことにより、身体のリラックスを導く

Step 1　約10秒ほど力を入れて、身体の部位を緊張させる

Step 2　約15〜20秒間ほど緊張を緩めて、脱力する

順番　①両手→②上腕→③背中→④肩→⑤首→⑥顔→⑦腹部→⑧足→⑨全身

リラクセーションのパターンと効果

行動パターン	例	具体的な効果
運動する	スポーツ、ストレッチ、筋トレなど	慢性的なストレスにより身体が緊張し、疲れを感じたり、頭痛や腰痛を引き起こしている状況から解放する
感情を発散させる	気分転換をする、旅行に行く、部屋の模様替えをするなど	日常的なストレス状態に対し、感情面で変化をもたらす
リラックスする	ゆっくりお風呂に入る、好きな音楽を聴く、アロマを焚くなど	身体的なリラックスから、心理的な緊張状態を緩和する
仲間と交流する	家族と過ごす、友人と集まる、趣味の集まりに参加するなど	つらさを一人で抱え込まず、受容・共感してくれる存在がいることを実感する

07　リラクセーション

08 レジリエンス

レジリエンスとは

レジリエンスとは、もともとは弾性や復元力、回復力を意味する物理学の言葉で、ばねに力を加えると勢いよく元に戻るように、押さえつけられたものが反動で復活する力を表わします。転じて、職場マネジメントの観点では、仕事上で困りごとやつらい場面に直面しても、それをエネルギーにして困難を乗り越える力をいいます。

レジリエンスの高さは、<u>困難な状況のなかでも行動し続けるためのエネルギーを生み出すことにつながります</u>。行動を重ね、打たれ強さに磨きがかかれば、困難な状況を打破する力も身につき、よい結果を導きやすくなります。

レジリエンスを高めるには

失敗したとき、「これを活かして次は頑張ろう」と前向きにとらえられる人と、「もう自分にはできない」「自分はダメな人間だ」と落ち込んでしまう人がいます。これは考え方のクセであり、トレーニング次第で変えることができます。

まず自分自身のレジリエンスを高めるためには、<u>難しい場面に直面しても「なんとかクリアできるはず」と信じて取り組む</u>ことが大切です。「どうせ失敗する」という姿勢は、自分だけではなく、周囲のスタッフにも悪影響を及ぼします。行動量を増やすことで、想定外のチャンスも現れてくるはずです。

また職場マネジメントでは、<u>周囲のレジリエンスを高めるために協力する</u>ことも重要です。ほかのスタッフが利用者からのクレームを受けたり、大きな失敗をしたときには、まずは寄り添って話を聴きましょう。その上で、その経験から学べる点を共有したり、今回の不運が次の成功につながることを言葉にして伝えてあげましょう。

レジリエンス 図

レジリエンスとは

通常の状態

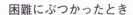
困難にぶつかったとき

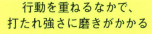
行動を重ねるなかで、打たれ強さに磨きがかかる

跳ね返す

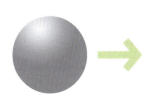

レジリエンスが高い場合

困難に直面したとき

レジリエンスが高いと……

・困難をプラスに変えて頑張れる
・つらさを糧に立ち直る

レジリエンスが高い人の特徴

- 自己肯定感が高い
- 難しい課題に対しても「自分なら達成できる」と考えて挑戦する
- 精神的なダメージを受けても回復が早い
- 将来はこうなりたい、という目指す姿がある
- 自分の強みや弱みを理解している
- 失敗を糧に成長できる

09

自己効力感
（セルフ・エフィカシー）

自己効力感とは

　自分自身の能力に自信をもち、これから取り組む課題などに対して「成し遂げられる」「きっとうまくいく」と感じられることを**「自己効力感（セルフ・エフィカシー）」**と呼びます。カナダの心理学者、A・バンデューラによって提唱されたこの概念は、個人の行動選択や継続的な努力をしていく上で大きな影響力をもちます。

　自己効力感が高まることのメリットとしては、まず**モチベーションが大きく向上する**ことがあげられます。これによって、より高い目標を設定し、その達成に向けて粘り強く努力し続けることができるようになります。また、**レジリエンス**（➡ P.168）も高まります。困難に直面したり、プレッシャーにさらされても、それを乗り越える自信があるため、落ち着いて対処することができ、ストレスを感じにくくなったり、それを乗り越えることができるようになります。

自己効力感を高める方法

　自己効力感を高める要因には、①自分が達成・成功させた経験「達成経験」、②自分以外の達成・成功を観察した経験「代理経験」、③自分の能力が高いことを言葉で説明される「言語的説得」、④ドキドキやワクワクなどの高揚感による「生理的情緒的高揚」、⑤自分やそれ以外の達成・成功を想像することによる「想像的体験」の五つがあります。

　例えば、「①達成経験」を積み重ねたいのであれば、小さくて達成可能な目標を設定し、一つずつ達成していくことで、自己効力感が高まっていくでしょう。また、「④生理的情緒的高揚」であれば、**リラクセーション**（➡ P.166）が効果を発揮します。職場として、こうした経験を積める環境を整えることが、生産性の向上にもつながります。

自己効力感　図

自己肯定感と自己効力感

自己肯定感
無条件に自分の存在価値を認めることができる状態

「今の自分」を肯定

自己効力感
行動、チャレンジがうまくいくと信じられる状態

「これからの自分」の可能性を認める

周囲の自己効力感を上げる

これまでの能力や実績を認める

これまで担当してくれたケースはどれも利用者満足度が高かったですね。

失敗してもポジティブにとらえる

今回のケースが糧になって、次は違う方法でチャレンジできそうだね。

相手の得意なことを認める

相手のよいところに着目して声かけできるのは、あなたの長所ですね。

10 ソーシャルサポート

ソーシャルサポートとは

ソーシャルサポートとは、社会的関係のなかでやりとりされる支援のことです。自分一人の力では対処できないことでも、何らかの形で助けてくれる人がいるだけで、前向きな気持ちで取り組むことができるようになります。また、誰かに話をしたり、気持ちを表現したりすることで、日常的なストレスに対処できるようになってくるでしょう。**人は自分が仲間に受け入れられていることや、誰かから守られていることが実感できたとき、安心感を得ます。**それを支えるのがソーシャルサポートであり、心身の健康を保つために欠かせない要素だといえます。

ソーシャルサポートの種類

ソーシャルサポートは、**①情緒的サポート、②情報的サポート、③道具的サポート、④評価的サポート**の4種類に分けられます。

「①情緒的サポート」は、気持ちに寄り添うようなサポートです。丁寧に話を聞いてもらったり、励ましや慰めをもらうなど、優しい声をかけてもらうだけで、自分の存在を認めてもらっているという安心感が高まります。「②情報的サポート」は、間接的支援とも呼ばれます。具体的なアドバイスや情報提供、専門家の紹介等があげられます。「③道具的サポート」は直接的支援とも呼ばれ、物質的なサポートや金銭的なサポートなどが考えられます。「④評価的サポート」は本人の頑張りや取り組み自体を認め、評価してあげるなどのフィードバックがあげられます。関係性によっては、叱咤激励なども本人の意欲に貢献することが考えられます。

ソーシャルサポート　図

ソーシャルサポートの位置づけ

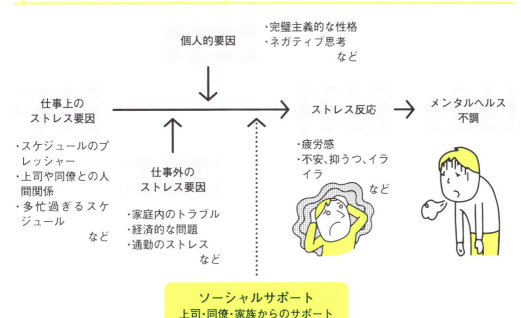

4種類のソーシャルサポート

ソーシャルサポート	概要	具体的な行動
情緒的サポート	気分を安定させ、「やる気」を起こさせる	傾聴、励まし、慰め、うなずき、見守る　など
情報的サポート	問題解決に有効な「情報」を与える	助言、知識の提供、研修の実施、専門家の紹介　など
道具的サポート	問題解決のための「手助け」を行う	作業協力、金銭的支援、効率化支援　など
評価的サポート	仕事や業績について適切に「評価」する	フィードバック、ほめる、昇進などの人事考課　など

11 セルフケア

睡眠・食事・運動

　日々の生活のなかで特に気をつけるべきことは、睡眠・食事・運動の三つです。特に眠りは、健康のバロメーターとなる重要なポイントのため、時間の長さだけではなく、**睡眠の質**にも気をつけましょう。睡眠では約90分周期でレム睡眠とノンレム睡眠が交互に訪れ、ノンレム睡眠中に身体を休息させたり、記憶を定着させたりします。そのため、浅い眠りを繰り返すような睡眠では、脳が休まらない状況が続き、疲れがとれません。眠りにつく2時間程度前に入浴し、その後、体内の深部体温が徐々に下がるにつれ、眠気が訪れるような環境をつくることが理想的です。もし夜中に目覚めて頭が冴えてしまうようなときには、一度寝床から出て、読書や温かい飲み物をとるなど、気持ちが落ち着くような状況をつくって、自然に睡魔がやってくるのを待つのがよいでしょう。

　その他、食事については栄養が偏らないようバランスよく摂って、暴飲暴食を避ける、適度な運動を習慣化するなどの基本的なケアも怠らず行うようにしましょう。

心のSOSサインを見逃さない

　対人援助の業務は、常に人間関係のストレスが付きまとうため、身体的な疲労以上に心の疲れが課題となりがちです。とはいえ、どんなにつらい状況でも、第三者がメンタルの問題をうかがい知ることはできません。「精神的につらい」「いつもの自分と違う」といった心のSOSサインを見逃さず、まずは自分自身のケアにとりかかりましょう。**ストレスコーピング**（➡P.158）や**ソーシャルサポート**（➡P.172）を活用し、早めに対処することが肝心です。

174

セルフケアのポイント　図

睡眠のサイクル

脳や身体が休むノンレム睡眠と、脳が記憶などを整理するレム睡眠が周期的に訪れ、心身のコンディションを整えます

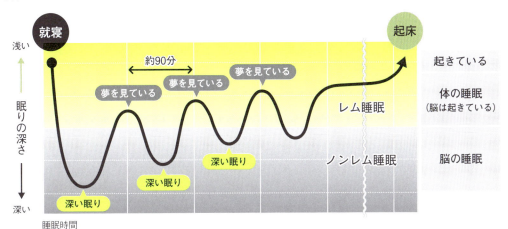

心のSOSサインとその影響

心のSOSサイン

放置すると……

心身の不調につながることも

- ・疲れやすい
- ・やる気が起きない
- ・眠れない
- ・食欲がわかない
- ・他人と話すのが面倒くさい
- ・ぼーっとしてしまうことが多い
- ・ふだんは楽しめるようなことにも興味がわかない
- ・不安になる
- ・消えてしまいたくなる　など

- ・自律神経失調症
- ・慢性疲労
- ・食欲不振
- ・抑うつ症状
- ・適応障害　など

11　セルフケア

12 キャリアプラン

キャリアの考え方

キャリアプランとは、自分の働き方や生き方全般に関する将来像（キャリアビジョン）に向かうための、具体的な行動計画のことです。まずは、どんな自分になりたいのか、夢をかなえるために必要なスキルや実績にはどのようなものがあるのかを洗い出し、目指す将来像と実現時期を明確にします。そこから逆算して計画を立てると、いつまでに何をすべきかが見えてきます。

　目指すキャリアプランは、個人の希望や価値観だけでなく、職種や勤務形態によって変わってきます。看護職のクリニカルラダーのように、ステップアップの道筋があらかじめ決まっている場合を除き、自分が何を目指し、どのような職種／階層に向かっていくのかを具体的に決めていく必要があるでしょう。職種によっては資格が必要になることもあります。自己研鑽やリスキリングなどの取り組みも含め、今後の方向性を早い時期から模索し、そこに向けての情報収集や行動を始めることをおすすめします。

人生100年時代のキャリアプラン

　これまでの世代は、教育－就労－老後という標準的な人生サイクルがありましたが、これからの社会においては、70～80代まで働く人も増えてくることでしょう。これまでにない高齢化社会を生きていくなかで、対人援助職のあり方も変わっていくことが予想されます。それとともに、**個人としてのキャリア構成も、既存モデルとは異なる新たな形が求められる**ことでしょう。時代の潮流に流されるのではなく、自分自身にふさわしいキャリア選択を行っていくことがより求められます。

キャリアプランの考え方 図

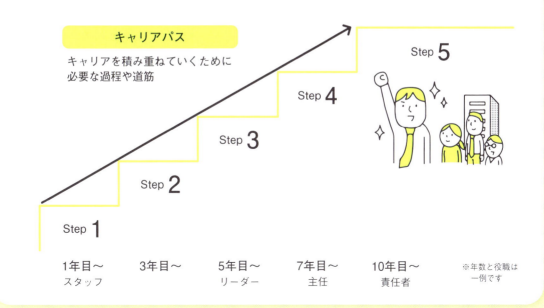

12 キャリアプラン 177

13 リスキリング

スタッフの「学び直し」の必要性

リスキリングとは、特定の仕事や職務を行うためのスキル習得に特化した学び直しのことで、職場で働きながら学習を進めるのが一般的です。これまでの日本社会では、業務経験に基づく知識やスキルが重視されることが多く、在職年数の長い者が組織内でも重んじられることが多くありました。しかし、社会環境の変化スピードが速い現代では、**デジタル・トランスフォーメーション**（→ P.30）などの最新の知識や、最先端の技術をいかにサービスに取り入れるかが重要になっています。したがって、<u>仕事に関して就職前に学んだ内容をアップデートする機会をできるだけ頻繁に設ける</u>ことが求められるようになりました。

リスキリングの対象となる学習分野は、<u>①最新のテクノロジーに関する技術と、②職種に特化した専門性の高い知識の二つに大きく分けられます</u>。特に、経験の長いベテラン層ほど、デジタルツールが使いこなせていないことが多いため、IT技術をはじめとするコンピュータ関連の基本スキルを身につける必要性があります。併せて、それらの最新技術を活用し、課題解決のアイデアを出せるような取り組みも求められています。

リスキリングとリカレント教育

学び直しの方法には、リスキリングのほかに**リカレント教育**があります。これらの大きな違いは、誰が主導するかです。リスキリングでは、従業員個人ではなく組織が学びを主導していきます。対してリカレント教育は、働く個人が能動的に学ぶことを示す概念で、個人が任意のタイミングで学習をし、仕事や生きていく上で役立つ知識・スキルの習得に努めることをいいます。

リスキリングとリカレント教育 図

四つの「学び直し」

①リスキリング
業務に必要な知識を組織が学ばせる

②リカレント教育
自主的に自分にとって必要な知識を学び直す

③スキルアップ
専門性の高い知識をさらに磨き上げる

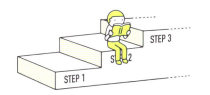

④アンラーニング
過去のやり方、経験を捨て去り、現代に合わせてアップデートする

リスキリングとリカレント教育

	リスキリング	リカレント教育
期間	短期間（6〜18か月）	長期間（反復）
背景	テクノロジーの浸透による自動化がもたらす雇用消失	人生100年時代の生涯学習
目的	学習およびスキル習得	学習
実施責任	企業	個人
講座提供	民間企業	大学等の教育機関
学習支援	IT、デジタルなどのスキルや知識	広範囲

※例外もあります

13 リスキリング　179

14 アサーション

望ましい自己表現とは

　アサーションとは、「人は誰でも自分の意思や欲求を表現する権利がある」という考え方に基づき、お互いを尊重しながら自分の考えや気持ちを率直かつ明確に相手に伝えるコミュニケーションスキルです。最近では企業や学校など、さまざまな場面でアサーション・トレーニングが行われています。

　アサーションの一番の特徴は、**「私（I）」を主語にして意見を述べる**点です。これは**「I（アイ）メッセージ」**と呼ばれる手法です。相手に対する要求だとしても、それが自分にとってどのような意味をもつのか、あるいは自分がどうとらえているのかを伝えることで、相手の自発的な行動を促します。

対人援助職とアサーション

　「こんなことを言ったら悪く思われるかもしれない」「自分の気持ちを率直に伝えるのは図々しい」など、引け目を感じていると、なかなか本当の気持ちを伝えることはできません。特に対人援助の場面においては、利用者や家族との関係性を考えると、素直に自分の気持ちを伝えることが常に最善であるとも限らないでしょう。

　しかしながら、相手が間違った認識のままでいることで、何らかの支障が起きかねない場合には、慎重に真実を伝える必要も出てきます。そのような場面でアサーションを意識した伝え方をすることで、**相手の立場を最大限に尊重しながら、伝えるべきことを伝えることができる**でしょう。

アサーションの実践 図

三つの自己表現の手法

非主張的

- 他人の意見や要望を優先する
- 自分の意見を表明することが難しい
- 遠慮がち
- 相手の期待に応えようとする

攻撃的

- 自分の要望や意見を押し通そうとする
- 支配的
- 高圧的な態度をとりがち
- 自分本位

アサーション

- 自分と相手の意見や感情を尊重する
- 傾聴と主張のバランスがとれている
- 自分の意見を積極的に主張する一方で、対立を避け、柔軟に対応する

アサーティブな表現（例）

場面：後輩スタッフの行動を注意する

NG　なんでそんなことするの！いい加減にしなさい

アサーティブな表現

そんなことをされると悲しい気持ちになります。やめてもらえますか？

場面：上司に食事に誘われたが、体調が悪いとき

NG　すみません、ちょっと今日は用事があるのでいけません

アサーティブな表現

お誘いいただき嬉しいのですが、今日は体調が悪いので失礼します。

場面：利用者が勘違いをして間違った行動を取ろうとした

NG　○○さん、それ間違ってますよ！

アサーティブな表現

失礼ですが、もっと違う方法がよいのではないかと思います。もう一度やり直してみませんか？

14　アサーション

15 認知バイアス

人は誰でも考え方のクセをもっている

どんなに正しい情報が提供されても、人は「自分がそう思いたい」「信じたい」と感じる情報を信じるという考え方のクセをもっています。これを**認知バイアス**といいます。

たいていの場合、**人は自分の認知バイアスには気づかず、自分の判断基準が正しいと思って行動しています**。そのため、誤った情報であることに気づかないまま、振り回されてしまうことも起こり得ます。

認知バイアスにはさまざまな種類があります。例えば、自分の考えや信念を支持する情報ばかり集め、それ以外の情報を無視する**「確証バイアス」**、どんな場面でも自分は正しい、大丈夫だと感じる**「正常性バイアス」**、表現方法やアプローチが変わると、評価や認識にそれが影響する**「フレーミング効果」**、利害関係のない第三者による評価は信頼性が高いと考える**「ウインザー効果」**、ある情報の一部分に関する評価が、ほかの部分にも影響する**「ハロー効果」**などがあります。

認知バイアスとどう付き合うか

自分自身はもとより、業務上の関係者のなかにも認知バイアスの影響を受けて偏ったものの見方をしている人は少なくありません。**特に重要な決断をする場合などは、自分自身が偏ったとらえ方をしていないか、振り返るようにしましょう。**

また、相手が認知バイアスにとらわれている場合、本人はそのことに気づいていないケースがほとんどです。相手が誤解していることを指摘する際には「相手が間違っている」と伝えても納得してもらいにくいので、**相手が前提とする情報自体が間違っていることを伝える**ようにしましょう。

認知バイアス 図

認知バイアスとは

脳は一度にさまざまな情報を処理している

- 知覚
- 言語理解
- 意思決定
- 記憶
- 判断
- 仮説立案
- 想像
- 類推

↓

できるだけ負荷をかけずに処理したい

↓

「こう考えればいい」というパターン化が進む
＝認知バイアス

認知バイアスの種類

確証バイアス
自分の信念や、信じている情報は間違っていない

例 相性のよい血液型同士は仲よくなりやすい

正常性バイアス
自分だけは大丈夫、自分に関する状況は問題ない

例 長年この方法で生活してきたので、これからも同じようにうまくいくと考える

フレーミング効果
同じものでも、情報のどこに焦点をおくかによって評価が変わる

例 新サービスは値段が高くなるが、これまでにない価値があり、利便性も向上する

ウインザー効果
利害関係のない第三者の評価は信ぴょう性が高い

例 口コミで評価されているから、この商品の性能は間違いない

ハロー効果
ある一面の評価に、ほかの面の評価も同期すると考える

例 この人は有名大学出身だから、仕事の能力も高いはずだ

15 認知バイアス　183

16 心理的リアクタンス

誰もが抵抗を感じている

　やらなくてはならないことはわかっているけれど、手をつけていない作業について、「まだやってないの？」「早くやりなさい」と周囲から言われることはないでしょうか。こんなとき、「今やろうと思っていたのに」「わかっているから言わないで」という気持ちになって、かえって後回しになってしまうことがあります。このように「わかっているけれどやりたくない」という抵抗感を、**心理的リアクタンス**といいます。これは、J・ブルームが提唱した理論で、人は自分が選択できると思っていることを他者から制限されることで、反発が生じるという現象です。部下や後輩に対する指示が心理的リアクタンスにつながっていないかを今一度振り返ってみましょう。

心理的リアクタンスに妨害されないために

　対人援助職が利用者や家族と接する際も、心理的リアクタンスに気をつける必要があります。例えば、サービスを提供する際、相手がどのようなイメージをもっていて、どのようにしたいかを十分にアセスメントできないままサービスを提案した場合、心理的リアクタンスを引き起こす可能性が高いでしょう。

　一方で、誰も意識して抵抗や反抗をしようとは思っていないという点に注意が必要です。利用者や家族は、これからの見通しなどに対する根強い不安を抱えています。施設側の説明への理解が不足したままサービスが提供されてしまうと、その不安が反発や抵抗となって現れることがあります。したがって、対人援助職としては、利用者や家族が抱える不安や、無意識に感じている抵抗感に気づき、それに寄り添うとともに、利用者や家族が自己決定できるようにサポートしていくことが求められます。

心理的リアクタンス 図

J・ブレームの実験

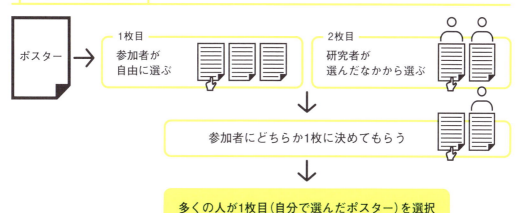

多くの人が1枚目（自分で選んだポスター）を選択

自由を侵害される（他人の選択を受け入れさせられる）ことに反発を感じる

心理的リアクタンスの活用

相手の自由に任せる、好きなものを選んでもらうほうが、満足度が上がり、積極的に行動してもらえるようになる

17 ロジカルシンキングとクリティカルシンキング

▮ ロジカルシンキングとクリティカルシンキング

ロジカルシンキングとは「論理的思考」、**クリティカルシンキング**とは「批判的思考」のことをいいます。いずれも論理的に物事を考え、より理解しやすい形で相手に伝えることを目的とした思考法です。

まずロジカルシンキングは、「物事を要素ごとに分解し、筋道を立てて考える」思考法です。問題が起きた際に、その発生原因などを整理していくときに活用されます。一方、クリティカルシンキングは「考えの正当性を検証して本質を見極める」思考法です。クリティカルの和訳は「批判的」となるため、否定的な印象を受ける用語ですが、決してネガティブなアプローチではありません。論理の軸となる事実と、矛盾する事実が存在しないか、という視点で考えていくことをベースにした思考方法です。

なお、ロジカルシンキングの反対語にラテラルシンキング（水平思考）があり、固定観念や既存の論理にとらわれず、物事を多角的に考察して新しい発想を生み出す思考法として使われます。

▮ 二つの思考法の使い分け

ロジカルシンキングとクリティカルシンキングは、二つを組み合わせて使用することで、問題解決につながりやすくなります。

まずはクリティカルシンキングで、解決までのアプローチや、ゴールが間違っていないかどうかを検証します。次に、ロジカルシンキングで問題の整理を行い、課題の洗い出しを行います。取り組むべき課題が明確になったところで、再度クリティカルシンキングを使って、整理された課題と解決法が正しいことを確認していきます。

二つの思考法 図

ロジカルシンキング

課題、結論、根拠を筋道を立てて考える

↓

ロジカルシンキングのメリット

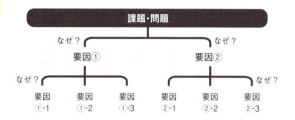

1. 問題解決力の向上
問題の本質となる原因を整理し、適切な解決方法を導くことができる

2. 分析力の向上
論理的に問題を整理することで、因果関係などを分析し、対処法を検討しやすい

3. コミュニケーション力の向上
意見に相違がある場合、客観的に違いを明らかにし、相手の意見を理解できる

4. 提案力の向上
状況をシンプルに理解することで、相手が納得するような提案力をもたらす

クリティカルシンキング

考えの正当性を検証して本質を見極める

↓

クリティカルシンキングのメリット

1. 問題解決の精度向上
問題の矛盾点や抜け漏れが見つけやすく、解決の糸口がつかみやすい

2. 本質を見極めやすい
そもそも何が問題なのかを批判的に見直すことで、問題の本質が見極めやすくなる

3. 新たな視点や発想力の向上
既存の考え方に対して疑問を投げかけることで、新たな解決手段が見出しやすい

17 ロジカルシンキングとクリティカルシンキング

18 現場での基本マナー

▍仕事の基本となるビジネスマナー

ビジネスマナーとは、社会人が内外のさまざまな人と仕事をしていく上で必要となるマナー全般のことをさします。対人援助職では、幅広い世代の人と接する機会が多いため、相手にとっての常識の範囲にも配慮し、快くサービス提供できる環境づくりを行うことが求められます。

例えば、あいさつは毎日のコミュニケーションの基本です。利用者はもとより、職場内でも自分から率先して行うようにしましょう。また、身だしなみにも注意が必要です。特に対人援助職の場合、利用者の自宅を訪問することもあります。衣服の汚れやしわはもちろん、靴や靴下が汚れていないかなどにも配慮が必要です。人の第一印象は見た目で決まります。ここができていないことが原因で、利用者や家族との信頼関係の構築が難しくなることもあります。気をつければ誰にでもできる部分だからこそ、配慮が必要です。

▍職場内でのルール

日頃から接する職場のメンバーに対しても、マナーとルールを守ってコミュニケーションをとるよう心がけましょう。何か嫌なことがあっても、日々顔を合わせる仲間だということをわきまえて、相手が嫌だと感じることはしないようにし、言葉づかいの丁寧さなどを含め、敬意を払うことが重要です。

また、時間厳守や就業規則を逸脱した行動がないかなど、改めて自分の行動を見直し、働きやすい職場にするよう留意していきましょう。

基本マナーチェックリスト　図

あいさつ

- 笑顔であいさつをしているか
- 相手の目を見てあいさつをしているか
- 利用者にはこちらから声かけしているか
- 会話のなかで必ず感謝の言葉を伝えているか
- 呼ばれたら「はい」と明るく返事をしているか
- 話しかけられたら、作業中でもいったん手を止めて応対しているか
- 施設などで相手の部屋に入るときは3回ノックしてからドアを開けるようにしているか

会話

- 利用者や家族には敬語で話しかけているか
- 尊敬語と謙譲語を混同していないか
- 相手のほうを向いて話しているか
- 相手の話を聞くときには、あいづちを打っているか
- 相手の言葉を傾聴しているか
- 相手にわかりやすい言葉を使っているか
- スピーチロック*をしていないか

身だしなみ

- 清潔感のある服装をしているか
- においのケアはできているか（汗などの体臭、たばこ、香水、柔軟剤など）
- 化粧やアクセサリーなどは過剰にならないよう控えているか
- 爪は伸びていないか
- マスクは清潔なものを使っているか
- 前髪は目にかかっていないか
- 名札をきちんと付けているか

その他

- 専門家としての立場を忘れず応対しているか
- すぐに回答できない質問事項などはメモをとって忘れないよう記録しているか
- トラブルや困ったことが起きたら、必ず職場や上司に報告・連絡・相談しているか
- 物を渡すときには両手で相手がとりやすいように気をつけているか
- 本人がいない場所でうわさ話などをしていないか

「ダメでしょ」「ちょっと待って」等のスピーチロックにあたる言葉は慎むべきです。

＊言葉の拘束とも呼ばれ、相手の動作を強制的に止めようとする声かけのこと

第 5 章参考文献

- ロレン・ノードグレン（著）、デイヴィッド・ションタル（著）、船木謙一（監訳）、川﨑千歳（訳）『「変化を嫌う人」を動かす　魅力的な提案が受け入れられない 4 つの理由』草思社、2023.
- 大村美樹子『よくわかる！心理的安全性入門』スタンダーズ、2023.
- 山蔦圭輔（編著）『メディカルスタッフ必携　マナー・コミュニケーションスキル帳』Gakken、2023.

第 6 章

事例で押さえる職場マネジメントのポイント

01

行動指針をつくりたい
業務マネジメントの実践

※登場人物はすべて仮名

🟡 突然管理者を任された田中さん

　居宅介護支援事業所でケアマネジャーとして勤務する田中さん（38歳・女性）。長年、この事業所で管理者をしていた前任者が実父の介護のために急遽退職してしまい、田中さんが管理者としての業務を担うこととなりました。

　田中さんはケアマネジャーとしての勤務経験が長いため、ケアマネジメント業務は問題なくこなせますが、管理者としての経験はなく、前任者からの引継ぎも十分に受けていないため、職場マネジメントに大きな不安を覚えています。これまで前任者が取り組んできた管理者業務はマニュアル化されておらず、ほかのスタッフも詳しくは知りません。

🟡 田中さんが抱える課題と解決のためのアプローチ

　まずは田中さんが直面している状況を整理してみましょう。

　田中さんがマネジメントの悩みに直面したきっかけは、突然、新任管理職としてチームを率いる役目を担うようになったことです。今後スタッフ全員がどのように行動していけばよいかを示す方針や、マニュアルのような手がかりもありません。**行動指針が明確にならないままでは、スタッフはルーティン業務をこなすことはできても、どういった目標に向かって動いていけばよいのか迷い、動けなくなってしまうでしょう。**そうした状況が続いた結果、田中さんの事業所では皆の動きがバラバラになり、事業所としてのまとまりが失われていきました。

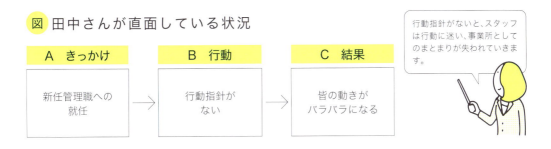

そこで、さらに課題を具体化したところ、以下のような現実が見えてきました。

事業所のまとめ方がわからない

多くの利用者にケアマネジメントを提供できてはいるものの、人員配置や支援内容が適切なのか、それぞれのスタッフが抱える業務量はどの程度か、スタッフはどのような課題を抱えているのかを把握できていませんでした。

目標達成の方法がわからない

スタッフそれぞれが目指す方向性がわからず、またお互いの目標について、事業所内での共有ができておらず、どのように達成すべきかわからない状況でした。

自分自身の目指す方向性がわからない

事業所で求められている管理者像がわからず、管理者としての経験もないため、前任者のような職場マネジメントをすることはできません。また、何に、どのように取り組めばよいかもわかりませんでした。

これらの課題の解決方法として、①業務マネジメント、②チームビルディング、③リーダーシップの順番に取り組んでいくのがよいでしょう。具体的には、次ページの図のとおりです。

図 課題解決に向けたロードマップ

業務マネジメントの実践

業務マネジメントの構成要素には、①パフォーマンスの最大化、②人材育成、③働きやすい職場づくりの三つがあり、このなかのどれか一つが欠けても業務マネジメントは成り立ちません。ですから、一つずつ対応していくことが重要となります。

まず**「①パフォーマンスの最大化」**については、スタッフそれぞれが現状でどの程度のパフォーマンスを発揮できるのか、これを数値化して全体をみていくことが必要です。そこで役立つのが、**スキルマップ**（➡ P.64）です。スタッフのスキルを相対的に採点し、誰がどんな業務に長けているのかを一覧で把握しましょう。

図 スキルマップ（例）

スキル名称		部署：居宅介護支援部門		
大項目	小項目	田中 仁志	佐藤 美咲	鈴木 樹里
コミュニケーションスキル	傾聴力	3	4	5
	共感力	4	4	4
	非言語コミュニケーション	3	3	3
	対話技術	3	3	5

スキルマップを作成する際は、それぞれのメンバーに対し、公平にスキル評価ができるよう、各スキル項目について客観的な評価基準を定めます。たとえば「傾聴力」であれば、以下のような基準で評価をします。

5：いつも相手が話したいことを十分に伝え、満足できる
4：相手が話したいことを8割以上伝えられる
3：相手が話したいことを半分程度伝えられる
2：相手と自分の発言が同じくらい
1：相手より自分が話すほうが多い

　図のスキルマップからは鈴木さんが最もバランスよくスキル（小項目）が身についていることがわかるため、リーダー役としてほかのスタッフを引っ張っていくような役割を担ってもらうのがよいでしょう。
　次に「②人材育成」ですが、スキルマップを参考にしながら、どのスタッフに、どんな教育が必要なのかをそれぞれ見極めて、研修プログラムを立案していきます。また、対人援助職としては、コミュニケーション能力以外にもさまざまなスキルが求められます。スタッフごとに習得すべきスキルの優先度を設定し、必要なスキルを確実に身につけられるように人材育成を進めていきましょう。今年度に取り組むことが難しいような場合は、次年度以降の課題として、忘れないように記録しておくことも大切です。
　「③働きやすい職場づくり」については、まずは**心理的安全性の高い職場**（➡ P.104）を目指して、お互いが自由に発言でき、助け合える文化をつくり上げていきます。そのためにも、それぞれのスタッフとのコミュニケーションの機会を意識的に増やし、関係性を密にするとともに、ニーズや困りごとを具体的に把握するよう努めていきましょう。

チームビルディングの実践

　タックマンモデルによると、チームは、①形成期、②混乱期、③統一期、④機能期、散会期の五つの段階に分けられます（➡ P.40）。この事業所は、これまで前任者を頂点としたチームとして機能してきました。しかし、今回の管理者交代によって、スタッフ

01　行動指針をつくりたい　業務マネジメントの実践　　195

にとっては、指示の発信元が変わり、目指す方向も変わっています。田中さんが前任者と同じように職場マネジメントができれば変化は最小限で済みますが、管理者経験のない田中さんにとってそれを実現することは難しいでしょう。つまり、チーム全体を新たにつくり直さざるを得ないのです。

　こうしたときには、思い切ってチームの形成期から再出発することも一つの方法です。管理者以外のスタッフはお互いの経験を共有していたり、相互理解ができていることも多く、次のステージに移行する速度はゼロからチームをつくるよりも速くなることが多いからです。管理者としては、このチームの変遷を見逃さず、各ステージで必要な取り組みを確実に実施していくことが必要となるでしょう。

図　タックマンモデルとチームの成長

リーダーシップの実践

　業務マネジメントとチームビルディングの実践で職場環境を整えたら、管理者が先頭に立ち（あるいは後方から見守り）、チームが正しい方向に進んでいけるように導いていきます。管理者にとっては、チームとしてどこへ向かっていくのか、何を目指していきたいのかを明確に定めていく重要な局面ともいえるでしょう。

　このとき、ポイントとなるのが自分自身のこれまでの経験を振り返りながら、ケアマネジャーとして果たすべき役割や、事業所としての存在意義なども併せて検討することです。これまでの経験を棚卸ししてみることで、これからの活動の軸がみえてくるで

しょう。

　さらに、進む方向が明らかになった段階で、事業所全体の目標、いわゆる経営理念に相当する**行動指針**を編んでみましょう。チーム全員が足並みをそろえて歩んでいくためには、大切にすべき行動が行動指針として言語化され、共有されていることが必要です。

図 行動指針（例）

> 1. 私たちは、いつでも利用者様の満足を第一に行動します
>
> 2. 私たちは、いつでも笑顔で最適なケアを提供します
>
> 3. 私たちは、成長を続ける専門家集団であることを約束します

エピローグ―田中さんの場合

　今回、田中さんは業務全体にわたるスキルマップを作成し、それぞれのスタッフが得意とするところを明らかにするとともに、それに基づいて各業務に詳しいメンバーに協力を仰ぎながら、新たな事業方針と目標の設定を行いました。その際、事業所のほかのスタッフにも趣旨を丁寧に説明しながら、意見を集約していきました。特に田中さんは、これまで言語化されてこなかったヒューマンスキルを向上することが良好な人間関係を構築し、コミュニケーションの活性化を促すこと、それが利用者はもちろん、チーム全体にもよい影響を与えると力説し、それが新たなチームの目指す姿として、スタッフからの理解を得られたようです。

　また、これまでの業務においてあまり意識してこなかった部分にも目を向ける機会となったことで、今回の体制に新鮮さを感じているスタッフもいます。さらに、このような田中さんの熱意や誠実さがスタッフに伝わり、事業所としての新たな船出にポジティブな思いを抱かせ、モチベーションも高まっています。

01　行動指針をつくりたい 業務マネジメントの実践　　197

02

新しいスタッフの やる気を引き出したい
人材マネジメントの実践

※登場人物はすべて仮名

▶ 期待の新人が退職してしまった

　介護老人保健施設で介護主任として勤務する山本さん（42歳・男性）の部署に新入社員の佐藤さん（22歳・女性）が配属されました。彼女は大学で福祉系の学科を卒業しており、「ぜひ自部署の戦力として活躍してほしい」と入社決定時から山本さんが上司に頼みこんで配属してもらった期待の新人です。丁寧にコミュニケーションをとりながら、残業や土日の出勤は極力避けるなど配慮をしてきました。

　入社から半年が経った頃、そろそろ職場にも慣れただろうと判断し、経験豊富なスタッフの多いフロアに異動させたところ、その3か月後、佐藤さんから「ほかに自分が働きたいと思う会社が見つかった」と申し出があり、退職してしまいました。特にトラブルなどもなく順調に勤務していると考えていただけに、山本さんは大きなショックを受けました。

▶ 山本さんが抱える課題と解決のためのアプローチ

　では、山本さんの直面した状況を整理してみましょう。
　新入社員の佐藤さんが山本さんの部署に配属された当初は、様子を見ながら適切な導入教育が実施できていたと思われます。別のフロアに異動してからのOJTで問題が起こったとみるべきでしょう。山本さんは、ベテラン職員が多いことで、新人のお手本ともなり、また何でも教えてもらえる環境ではないかと期待していました。しかし、**配属後まもなく退職を申し出たということは、そこで適切な指導が行われていなかった可能**

性があります。その現場を担当しているスタッフは、利用者からの評価も高く、彼らに問題があるとは考えにくい状況です。それであれば、なおさら教育体制の整備ができていないまま、佐藤さんを現場に配属してしまった山本さんの責任が問われるでしょう。

図 山本さんが直面している状況

A きっかけ：新入社員の配属 → B 行動：OJTが機能しない → C 結果：離職

配属後まもなく退職の申し出があったことから、新しい部署でのOJTに問題があったと考えられます。

　このケースでは、すでに当事者は退職してしまいましたが、同じような過ちを繰り返さないためにも今回の結果を次回以降の採用の教訓として活かしたいところです。山本さんが今回のケースを振り返り、現場の担当者へのヒアリングなども行ってみたところ、多忙な業務を抱えるかたわら、新人を受け入れることとなったことで、さまざまな問題が生じたことに気がつきました。

計画的な教育ができていなかった

　新入社員の育成に関する計画や教育体制が整っておらず、場当たり的な指導に終わってしまうことが多々ありました。そのために、佐藤さんは職場の環境や業務内容に適応するのに必要なサポートを十分に受けることができなかった可能性があります。

新入社員の仕事のモチベーションを高めることができていなかった

　計画的な新人教育の体制が整っていなかったために、佐藤さんは自分がこれから何を学び、体験していくのかが理解できず、仕事のモチベーションが低下していった可能性があります。

新人の特性や性格をふまえたコミュニケーションができていなかった

　佐藤さんの特性や性格を理解し、それに合ったコミュニケーションをとる努力が欠け

ていたために、佐藤さんが悩みや不安を打ち明けられず、退職に至ったことが考えられます。

　これらの課題を解決していくためには、①人材育成プログラムの整備、②新入社員のモチベーションの獲得と維持に向けた取り組み、③人材育成のスキルの習得が必要でしょう。

図 課題解決に向けたロードマップ

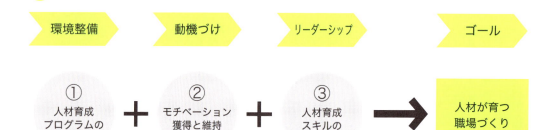

　本来、**新入社員の育成**にあたっては、どのように教育を進め、いつまでにどの程度の能力を習得するかなどを、しっかりと計画立てることが不可欠です。一人ひとりのスキルや強みに着目し、どのようなパフォーマンスを発揮できるか検討の上、適切な人材育成プログラムを整備することが重要です。

　また、**人材育成プログラム**を整備すると、新入社員も今後のキャリアパスを描けるようになるなど、自らの方向性を見出せるようになります。併せて、**内発的動機づけ**と、**外発的動機づけ**（➡ P.46）を組み合わせて実践することで、新入社員のモチベーションを高めることができるでしょう。

　加えて、**ほめる／叱るを使い分ける**（➡ P.80、82）など、人材育成のスキルを育成者である山本さんが獲得することで、新入社員の望ましい行動を引き出すことができるようになります。

▶ 人材育成プログラムの整備

人材育成に取り組むにあたり、まず必要なことは**「新入社員の能力やスキルのアセスメント」**です。どのような能力や特性があり、強みや得意なことは何かなどを確かめましょう。このとき、VPI職業興味検査などのアセスメントツールを活用したり、キャリアコンサルティングなどを受けたりするなど、できれば客観的な視点も交えながら、本人の向き不向きを明確にできるとよいと思います。

また、教育手段としては、図のようなツールを織り交ぜていくことで、単調にならず、新入社員自身も興味をもちながら取り組みやすくなります。

図 人材育成のツール

OJT
On the Job Training：
現場での仕事を通して
実務を学ぶ方式

例 施設内で利用者のお世話をしたり、先輩の業務の手伝いに携わる

OFF-JT
Off the Job Training：
事業所外での研修や教育を通して
学ぶ方式

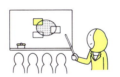

例 行政や福祉団体などで行われている高齢者介護に関するセミナーに参加する

eラーニング
インターネットなどを通じて
研修プログラムに参加すること

例 研修動画などのコンテンツをパソコンなどのIT機器で受講する

コロナ禍以降、さまざまな**eラーニング**の研修プログラムが提供されるようになりました。コスト的にも負担が少なく、事業所にいながらにして本人が必要とする知識やスキルを手軽に習得できる便利な教育ツールとして活用していきましょう。受講後は、学んだことや感想をレポート形式で提出させることで、どんなことを学習したのかに加え、新入社員の知識レベルや就業意欲も測ることができます。

また、**OJTやOFF-JTについても、体験後に感想や学んだ内容を報告してもらうような体制を整備しましょう**。モチベーションの高さを測れるだけでなく、今後の教育スケジュールを立てる際の参考になる情報も得ることができます。

いずれの場面においても、何のためにその業務が行われているのかを理解してもらう

02 新しいスタッフのやる気を引き出したい 人材マネジメントの実践

こと、また単なる作業として取り組むのではなく、自分なりの工夫をするとしたらどのようなことができるのかなどを新入社員自身に考えてもらうことが重要です。それを報告・連絡・相談することがコミュニケーションのきっかけにもなるでしょう。その過程で新入社員が抱える不安や心配などがみえてきたなら、随時対応していきます。

新入社員のモチベーションの獲得と維持に向けた取り組み

相手のモチベーションを高めたいときには、意識しておきたいポイントがあります。それは、仕事でもプライベートでも、人が行動を起こすためにはきっかけとなるものが必要だということです。これを**動機づけ**といいます（➡ P.46）。

動機づけには、自発的に「やりたい」と意欲をもって行動しようとする内発的動機づけと、外部から何らかの報酬を与えられることを条件に行動を起こす外発的動機づけがあります。**行動を習慣化するには、内発的動機づけのほうが強力なので「○○すると達成感が得られる」といった環境を整えることで、本人のやる気を引き出すことができます。**新入社員であれば、例えば現場のサポートを継続して行うことで、利用者の笑顔が見られたり、感謝されたりするといった「嬉しいこと」「達成感を実感できること」が直接の動機づけになることでしょう。

人材育成のスキルの習得

人材育成にあたっては、**よい点はその場ですぐにほめるとともに、修正すべき点はすぐに指摘し、冷静に叱ることが重要**です。感情的にならず、客観的かつ具体的なほめ言葉を伝えることで、「こうすればいいんだ」という本人の気づきにつながります。

例えば、入居者とのやりとりをほめる場合には、「しゃがんで、○○さんと目線の高さを合わせて会話ができてよかったね」などと具体的にほめることで、それ以降、同様の行動を起こしやすくなります（次ページ上図）。

一方で、**間違った対応をしてしまったときには、その場で適切に叱ることが重要**です。このとき、感情的な言い方をしないことと、「利用者のけがにつながりかねず、危ないので、必ず手を添えて動かすようにしてください」などと客観的な事実を伝えること、そして駄目な理由を添えて説明することを心がけましょう（次ページ下図）。「次はちゃんとできることを期待しています」と一言添えることも大切です。

▶ エピローグ──山本さんの場合

　佐藤さんが退職してから数か月後、後任となるスタッフが配属されました。山本さんは、まず本人がどのようなパーソナリティなのかを知るために、こまめにコミュニケーションをとるだけでなく、適性検査などを行って結果を本人と共有しながら、これからの業務への取り組み方などについて話し合いました。その際、本人がどんなきっかけでこの職場で働くことを決めたのかなど、志望動機についても掘り下げて尋ねてみました。すると、子どもの頃は祖父母と同居していておばあちゃん子だったこと、自分が大きくなったらお年寄りの世話をしてあげたいとずっと思っていたことなど、具体的なエピソードを聞くことができました。スタッフが対人援助の仕事を選んだ理由は人それぞれであり、このようにどんな思いで仕事に就いているのかを知ることは、管理者として今後の指導方針を立案するときにも参考になることでしょう。

　また、現場のOJTを行った際には、新入社員の「初めて利用者にありがとうと言ってもらえました！」という報告に対して、「やったね」とハイタッチをして一緒に成功を喜びました。

　教育についても、介護実践の参考になりそうな動画の学習教材を探し、就業時間中に視聴時間を確保できるように業務の調整を行っています。後進が育つ様子を見ながら教育に取り組むことが山本さん自身のモチベーション向上にもつながっています。

図 OJTで「ほめる」ときのポイント

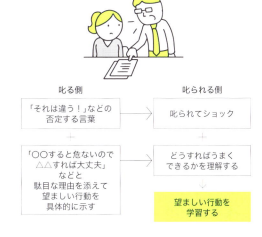

図 OJTで「叱る」ときのポイント

03

職場内ハラスメントを防ぎたい
組織マネジメントの実践

※登場人物はすべて仮名

▶ ハラスメントの通報をされた鈴木さん

　鈴木さん（58歳・男性）は、特別養護老人ホームで介護職として勤務しています。前職はまったく異なる分野の仕事でしたが、数年前に転職し、現在の仕事に従事することとなりました。職場には自分と同年代の同僚から子どもと同じような年代の職員までおり、気軽に雑談などができる環境のなか、のびのびと勤務を続けていました。

　ところが、先日施設長に呼ばれ、「鈴木さん、あなたにハラスメントを受けているという通報がありました」と告げられました。詳しい状況を尋ねると、ほかの職員との会話にパワーハラスメントやセクシュアルハラスメントに相当する内容があったといいます。たしかに、若い職員に対しては少し強い口調で業務に関する指摘をしたり、女性職員に家庭環境などについて尋ねたりしたことはありますが、日常会話の延長線上で、相手も嫌そうではなかったため、それがハラスメントだとは思いもしませんでした。

▶ 鈴木さんが抱える課題と解決のためのアプローチ

　ハラスメントの多くは、加害者側が無意識に発した言葉が、結果的に相手を傷つけてしまうというケースです。相手のためによかれと思って言ったり、冗談のつもりで言った言葉もそれに含まれます。いじめや嫌がらせといった意図はなくても、結果的に相手を追い詰めてしまうこともあります。鈴木さんの状況を整理すると、次ページの図のようになります。

　鈴木さんのように無意識に発した言葉が相手にハラスメントと受け止められる場合、以下のような課題を抱えていることが往々にしてみられます。

どんな行為がハラスメントだととらえられるのか、理解が不十分だった

　どのような行為がハラスメントと認識されるのか、その基準を正しく理解できていなかったために、強い口調での指摘や個人的な質問がハラスメントとして受け止められた可能性があります。

何をどう気をつければハラスメント扱いされないのか、認識が不足していた

　業務の指示やフィードバックを行う際には、相手の尊厳を守り、公平かつ建設的な方法で伝える、質問する前に相手にとって不快ではないかを自問自答するなど、ハラスメントを防ぐための工夫が必要です。鈴木さんの場合、この点についての配慮が不足していたのかもしれません。

相手が「No」と言えるかどうかに考えが及んでいなかった

　自分の言動が相手に対する圧力となっていないか、また相手が安心して自分の意見や感情を表現できるかどうかを考慮できていなかった可能性が考えられます。

　これらの課題を解決する上では、まずはハラスメントを正確に理解することが不可欠です。
　また、年功序列的な文化がある職場においては、言われた職員は「嫌だ」と感じていても、職場における関係性が悪化することや、空気を読まない行動として仲間外れにさ

れることをおそれ、拒否や否定ができないこともあります。言うべきときに、言うべきことを言える職場、つまり**心理的安全性の高い職場**（➡ P.104）を目指して取り組むことも必要となるでしょう。

図 課題解決に向けたロードマップ

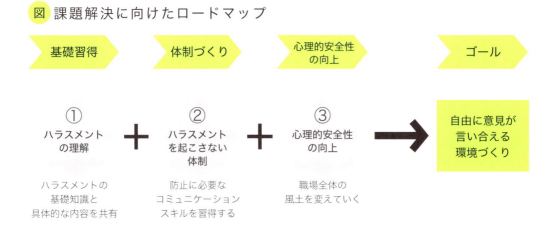

ハラスメントへの理解を深める

　鈴木さんのケースでハラスメントとして訴えのあった行為は、「こんな大事な仕事は若造には任せられないよ」と言って若いスタッフから仕事を取り上げたことと、女性職員に対して「更年期になると、イライラして仕事に集中できなくなるんじゃないの？」と笑いながら話しかけたことでした。鈴木さんに悪気はまったくなく、むしろ「若いスタッフに責任の重い業務は負担だろう」という気づかいや、「年齢相応の体調不良でつらい思いをしていないか」といった配慮をしての発言のつもりでした。ところが、以前から同じような言動が何回も繰り返されていたことから、被害者が施設長に直訴したというわけです。

　鈴木さんも、ハラスメントの知識がまったくなかったわけではありません。ただし、職場の上司が部下に対して強い口調で叱責したり、男性が女性に卑猥な言葉を投げかけたり、身体に触れるような行為こそがハラスメントである、と考えていました。

　実際には、**パワーハラスメント**と**セクシュアルハラスメント**の定義は次の図のとおりです。

図 パワーハラスメントとセクシュアルハラスメントの定義

パワーハラスメントの定義

職場において行われる
①優越的な関係を背景とした言動であって、
②業務上必要かつ相当な範囲を超えたものにより、
③労働者の就業環境が害されるものであり、
①から③までの三つの要素をすべて満たすもの

セクシュアルハラスメントの定義

「職場」において行われる、「労働者」の意に反する「性的な言動」に対する労働者の対応によりその労働者が労働条件について不利益を受けたり、「性的な言動」により就業環境が害されること

　すなわち、職位にかかわらず、職場のなかで強い立場にいる者が、業務に直接関係のない言動によって相手を傷つけるような行為はパワーハラスメントであり、性的な言動によって働きやすさが阻害されるようなことがあれば、その行為はセクシュアルハラスメントと呼ばれます。まずはこうしたハラスメントに関する正しい知識を職場全体で確認し、日々の雑談のなかで気軽に発していた言葉がハラスメントに該当しないか、チェックすることが必要でしょう。

▶ 心理的安全性の高い職場をつくる

　ハラスメントが起こりやすい職場は、思ったことを自由に発言しづらい職場環境であることが少なくありません。つまり、ハラスメント行為をされても嫌だと言えないような雰囲気になりがちです。

　心理的安全性の高い職場では、たとえば今回のようなケースでは、鈴木さんの発言を受けた若いスタッフは以下のように切り返せるようになります。

鈴木さん　こんな大事な仕事は若造には任せられないよ。

若いスタッフ　責任重大な仕事を担ってもらえるのはありがたいですが、若造という言葉は相手を見下す表現です。そのような呼び方をされると私はよい気持ちがしないので、控えてもらえないでしょうか。

03 職場内ハラスメントを防ぎたい 組織マネジメントの実践

このように返されたら、鈴木さんも「そんなつもりじゃなかった。申し訳ない」と言えるようになり、これが今後の不適切な表現を改めるきっかけにもなることでしょう。
　もう一つの女性職員に対する発言についても、心理的安全性が高く、自由に発言できる環境があれば、以下のようなやりとりになるでしょう。

鈴木さん　更年期になると、イライラして仕事に集中できなくなるんじゃないの？

女性職員　プライバシーにかかわる話題は避けていただけませんか？

　では、どうすれば、心理的安全性の高い職場をつくることができるのでしょうか。
　まずは、**心理的安全性の7要素**（➡ P.105）をゴールとして職場内で共有してみましょう。どのような職場であっても、お互いが自由に発言でき、チャレンジできる環境を整えることの大切さをスタッフ全員で理解することが、心理的安全性の高い職場をつくる上で必要な土台となります。
　可能であれば、職場全体で研修を受講し、心理的安全性に関する知識を共有すると、より積極的な改善につながるでしょう。また、現在の職場環境において、<u>どの程度心理的安全性が担保されていると感じるか、解決すべき職場の課題は何かなどについてアンケートを実施し、それぞれのスタッフの意識を明確にする</u>ことも効果的です。アンケートは、スタッフが改善したいと思っている事項を明らかにすると同時に、職場内で問題意識にズレがないかを確認し、働きやすい環境づくりに必要な情報収集の手段にもなるでしょう。その他、職場内で定期的にミーティングを行い、改善に向けての実効性のある方法について意見を出し合ったり、取り組みの進捗確認を行うなどして、ハラスメント行為が起こらないような快適な職場環境を実現するよう努めましょう。
　職場改善は他人任せにせず、自主的に取り組むことが重要です。お互いを大切な存在としてとらえ、助け合いながら業務に取り組んでいくという姿勢は、職場全体の生産性を高め、業務場面でもよい影響を与えます。

図 職場の心理的安全性を高めるための取り組み

①研修を受ける	②アンケートの実施	③定期的なミーティング
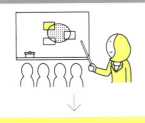	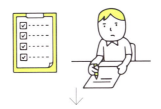	
↓	↓	↓
心理的安全性に関する知識の共有	スタッフ全員の意識や意見を抽出	状況改善や実践のための話し合い

▶ エピローグ──鈴木さんの場合

　結局、鈴木さんはそれぞれの被害者に心から謝罪をし、改めてハラスメントに関する講習を自主的に受講するなど、再発防止に向けての取り組みを行いました。その姿勢が認められたこともあり、その後は法人が運営する別の施設に異動し、新たなスタートを迎えることとなりました。異動後は、これまで無自覚に発言していた内容を改めるとともに、自分の発言について相手から何も言われなくても、相手がどのように感じるのかをきちんと考えることの必要性にも気づかされました。

　さらに自分の周囲の人たちがどのように感じていたのかを顧みながら、利用者や職場の仲間を受容・共感できる言葉かけにも取り組んでいます。

　また、今回の問題は当事者同士だけのものではなく、職場全体として改善すべきテーマであることも重要なポイントです。不適切なやりとりを目にしていたにもかかわらず、周囲のメンバーが鈴木さんを止めずに見て見ぬふりをしていたことも、当事者にとってはつらいシーンとなったことでしょう。

　これを契機に、ハラスメント防止と併せ、心理的安全性に関する職場研修も実施することが再発防止への強力な土台づくりとなります。

04 会議を効率的に運営したい

ミーティング・マネジメントの実践

※登場人物はすべて仮名

▶ 会議運営に悩む加藤さん

　加藤さん（35歳・女性）は、放課後等デイサービスの運営に携わっています。そして、運営母体である企業との定期的なミーティングの際には、**ファシリテーター**（➡P.128）として全体のまとめ役を担っています。いつも子どもたちが来所するまでの限られた時間をやりくりして会議を行うのですが、メンバーのなかには、議題と直接関係のない話を持ち出したり、話がまとまる寸前に議論をひっくり返そうとしたりする人もいて、進行に苦労しています。

　加藤さんは、参加者全員の納得がいくまで話し合うことの重要性は理解しつつも、できるだけ短時間で結論を出すような会議にできないかと模索しています。

▶ 加藤さんが抱える課題と解決のためのアプローチ

　会議を短時間で効率的に行うために、加藤さんが現状で直面している課題を整理したところ、以下の三つの課題が浮かび上がりました。

どうすれば会議の時間を短くできるかがわからない

　会議のタイムマネジメントや効率的な進行方法に関して、具体的な戦略や手立てがなく、どこから手をつければよいのかがわかりません。

会議時間を短くすることのメリットをどう参加者に伝えればよいかがわからない

会議の出席者のなかには、「会議はじっくり時間をかけて話し合うものだ」という考えをもつ年配者もおり、加藤さんは会議時間を短くすることのメリットを伝えづらいと感じています。

合意に至る会議としたい

皆が出席してさまざまな意見を述べ合った末に結論が出ないまま会議の終了時刻を迎えてしまうことがあります。また、状況説明に相当な時間を割き、最終決断をするところまでたどり着けないことも少なくありません。

加藤さんにとって最も悩ましいのは、会議が長引いてしまった結果、子どもたちの受け入れの準備を行う時間が圧迫されてしまうことです。ほかのスタッフもいるものの、加藤さんがその日の出席児童数に応じた指示を行わないと、適切な人員配置などができないことで運営に支障が出てしまいます。加藤さんの状況を整理すると、図のようになります。

図 加藤さんが直面している状況

A きっかけ	B 行動	C 結果
会議のルールが定まっていない	時間管理ができない	業務への支障

> ミーティングマネジメントのコツを押さえ、業務への支障が出ない会議運営を心がける必要があります。

加藤さんが、施設運営に影響を及ぼさないように効率的に会議を実施するためには、**ミーティング・マネジメント**（➡第4章）のコツを身につけることが必要です。具体的には、①ファシリテーションスキルの習得、②タイムマネジメントの徹底、③合意形成の工夫が効果的でしょう。特に、**ミーティング・マネジメントという概念を知らない参加者に、時間管理や、事前準備の重要性を理解してもらうことが先決です**。それらを守ることで得られるメリットなどについて、丁寧に伝えていくことから始めましょう。

04 会議を効率的に運営したい ミーティング・マネジメントの実践

図 課題解決に向けたロードマップ

ファシリテーションスキルで会議を円滑に進行する

　ファシリテーターの役割は単なる会議の議長ではありません。メンバーそれぞれの意見を引き出し、適切にまとめていくことで、会議が円滑に進行していきます。そして、最後には結論を出すという目的に至るよう会議全体をマネジメントすることが求められます。ファシリテーターとしての役目を果たすためには、まず**参加者それぞれが、どのような意見をもち、どんな方向性を支持しているのかを把握する力**が求められます。また、自身は常に中立的な立場にあり、公平に議論を進行できるようなバランス感覚も必要となります。加藤さんは、ファシリテーションスキルを学ぶために、参考書籍を読んだり、外部の研修にも積極的に参加し、それぞれのコツを習得した上で会議に臨みました。

　ファシリテーションを行うには、まず**その日に扱う議題に優先順位をつけ、決められた時間枠のなかで何に重きをおいて議論を行うかを決めます**。事例のように、会議が長引きがちな場合、このようなスケジュールがきちんと決められていないことが原因なのかもしれません。

　会議の進行においては、発言者を指名するなどして、会議全体をコントロールする一方で、議題に関する賛成意見、反対意見の両方を聞くようにするなど、バランスよく進めていくことが求められます。発言を参加者に任せてしまうと、意見表明に必要以上に時間をかける参加者が出てくるなど、タイムマネジメントの妨げになることもありま

す。ある程度の意見が出たら、「○○さん、それはこういうことですね」と意見を要約して、ほかの人に発言権を譲るなど、途中でブレーキをかけることもファシリテーターとしての役目です。

また、自発的に発言しない参加者から意見を引き出すことも必要です。「△△さん、このようなケースについてはどちらの案が適切だとお考えですか？」などと、考えを表明しやすいような問いかけをするなど、限られた時間のなかでできるだけ多くの意見が出るように促し、まとめや採決につなげましょう。

なお、ファシリテーションを行う際には、**ホワイトボードなどにポイントを板書しながらの進行をすることで、議論の内容を「見える化」でき、議論の焦点を共有しやすくなります**（➡ P.134）。詳しい内容は事前配布資料に記載しておき、議論のテーマと各案を示す程度の簡潔なメモ書きをしていくのが理想的です。

タイムマネジメントの徹底

会議の時間を短縮するためには、**タイムマネジメント**が鍵となります（➡ P.144）。まずは、会議の時間枠を明確にし、時間内にすべての議題の合意形成まで行うことをファシリテーターが宣言します。

会議室などで行う場合には、利用時間をあらかじめ決めておくことで、延長ができないことを明確にできるかもしれません。また、一人あたりの発言時間を1分以内と設定しておくと、発言する側も意識的に要点をまとめるようになり、進行のスピードアップに役立ちます。

タイムマネジメントの上では、対面ではなく、オンラインで会議を実施することも有効です。**オンライン会議**を行う場合、利用するサービスによってはファシリテーターの采配で発言順を決めることができるなど、対面よりも指示がしやすくなります。また、会議室の準備なども不要となるため、運営自体の時間や手間などのコストも削減できるでしょう。

合意形成の工夫

各々の出席者に対し、発言を促していくだけでなく、会議のゴールである合意形成に向けたはたらきかけもファシリテーターの役目です（➡ P.132）。さらに重要なのは、

04 会議を効率的に運営したい ミーティング・マネジメントの実践　　213

合意事項を次のアクションにつなげることです。さまざまな意見を2～3案程度に収束させ、望ましい結論に導けるかどうかはファシリテーターの腕の見せどころです。
　合意形成に至るまでの会議の基本ステップは以下のとおりです。

図 会議の基本ステップ

　まずは議題の共有を行います（Step1）。その会議の目的、決定すべきこととその優先順位を明確にし、参加者全員と共有しましょう。これにより、参加者は議論の焦点を理解できるため、会議が効率的に進行します。
　次に、それぞれの参加者に意見を求めます（Step2）。議論の際は、それぞれの意見を否定するのではなく、各々に異なる主張があることを前提にまとめていきましょう。その上で、方向性をまとめていきます（Step3）。**それぞれの意見の共通点を見つけ、課題を整理し、合意できそうな部分を明確にすること**がポイントです。そして、Step4として、合意形成に向けた妥協案や代替案を提案し、参加者全員が納得できるような結論へと導いていきます。
　また、合意形成を円滑に行うために、ファシリテーターは次のようなポイントを押さえておきましょう。

①的確な情報共有
　議題などは事前に資料にまとめ、会議の参加者全員と共有するとともに、必要に応じて追加の情報を共有するなど、全員が同じ情報に基づいて議論できる場を整えましょう。

②メリット、デメリットの明確化

　各論のメリットとデメリットを明確にし、それぞれの意見を客観的に比較する場を設定します。ホワイトボードなどに板書し、表形式で比較するのも効果的です。

③こまめなフィードバック

　会議中は、定期的にフィードバックを行い、参加者の理解や議論の方向性を確認します。これにより、誤解や情報の欠落を早期に発見し、修正することができます。

　合意形成が完了したら結論を文書にまとめ、次のアクションプランを設定します。会議で決定した事項を具体的な行動につなげたり、進捗管理に役立てやすくなります。

▶ エピローグ ── 加藤さんの場合

　ファシリテーションに関する研修での学びをもとに、加藤さんは必要に応じて会議の運営にそのスキルを活かしています。まず会議開催日の3日前までに、すべての議題をA4用紙1枚程度の簡潔な資料にまとめ、決定すべき事項の優先順位にしたがってレジュメを作成します。レジュメは議題として提出された詳細資料と併せて、参加者全員にメールするようにしています。資料には「各議題の概要について会議中の説明は行いません。必ず事前にこちらの資料に目を通してからご出席ください」の一文が太文字で記載されています。当初、一部の参加者からは不満も出ましたが、望ましい会議の運営につなげるために理解を求め、結果が伴うようになると、徐々に浸透していきました。

　会議当日には、進行スケジュールに沿って加藤さんがタイムマネジメントを行い、必ず会議の時間内ですべての議題について合意形成を行い、次のアクションにつなげるようにしています。テンポよく会議を進めることで、会議全体によい緊張感が生まれ、自ずと議論にも無駄がなくなってきました。

　今後は、オンラインでのミーティング実施なども取り入れての効率化を図る予定です。会議の時間が短縮されたぶん、放課後デイにやってくる子どもたちへの応対に費やす時間も増え、会議実施日でも余裕をもって接することができるようになりました。

04　会議を効率的に運営したい　ミーティング・マネジメントの実践　　215

05 ストレスをためない周囲との付き合い方を知りたい
セルフマネジメントの実践

※登場人物はすべて仮名

▌業務過多で残業が続く岩崎さん

　岩崎さん（38歳・男性）は、グループホームで介護士として勤務しています。近年、インターネット上で施設の評判が上がってきたせいか入居希望者が後を絶たず、対応に追われる毎日を過ごしています。

　現在の入居者は定員に達しているため、見学後に入居を望む人も断らざるを得ません。しかし、その際に心ない言葉を投げかけられることも少なくなく、顧客対応が大きなストレスとなっています。また、本来業務である介護をするかたわらで、問い合わせや見学への対応を行わなければならず、残業で帰宅時間が遅くなる日が続いています。

　そんなある日、朝起きようとしても身体が動かず、ベッドから出られなくなってしまいました。仕事に行かなくてはならないと思う一方で、動けない自分にひどく落ち込んでしまいました。

▌岩崎さんが抱える課題と解決のためのアプローチ

　事例からは、毎日の業務負担が徐々に高まっていくなかで、岩崎さんが一生懸命に対応をしてきたことがうかがい知れます。しかしながら、ある日、朝起きようとしても身体が動かなくなってしまいました。これは忙しさのなかで自分の疲れやストレスに気づかないまま過ごしてきたために、心身のストレスが限界を超えてしまったことが原因です。まずは岩崎さんの状況について整理してみましょう。

また、岩崎さんが直面している課題は以下のとおりです。

業務多忙のなかでストレスをため続けてしまった

ストレスを感じていることを自覚しつつも、慌ただしい日々のなかで、それに対処する余裕がなかったことで、ついには朝に身体が動かなくなり、限界を迎えてしまいました。

心ない発言に傷つけられることがある

利用希望者やその家族からのクレームをはじめ、**カスタマーハラスメント**（→P.120）による心理的ダメージも大きなストレスへとつながります。特に入居者の定員は岩崎さんの力ではどうにもできず、無力感にさいなまれることもあるでしょう。それがさらなるストレスへとつながったことが推察できます。

ある日突然、身体がいうことを聞かなくなってしまった

このような状態を**バーンアウト**（→P.156）といいます。上記のような過大なストレスが心身に大きな影響を及ぼしたことが原因として考えられます。

これらの課題を解決するためには、**日々のストレスに対し、こまめに対処できるようなスキルを身につけることが必要です**。また、入居希望者やその家族からの心ない発言にも毅然とした態度で臨むことができるようにカスタマーハラスメントへの対応のコツも習得しておきたいところです。

一方で、岩崎さんの場合、既に心身にストレスによる影響が現れています。このような場合は、まずは精神科や心療内科を受診することが先決でしょう。

ストレスへの対処方法を使いこなす

　ストレスの対処法である**ストレスコーピング**には、①情報を集める、②問題解決の計画を立てる、③話を聞いてもらう、④よい面を探す、⑤責任を一人で抱え込まない、⑥あきらめる、⑦気晴らしをする、⑧くよくよ考えない、の八つがあります（➡ P.159）。

　このなかには、自分がいつも行っているストレスへの対処法だけではなく、あまり使ったことがない方法もあるのではないでしょうか。例えば、事例の岩崎さんのようにまじめに業務に打ち込むタイプの人であれば、「⑤責任を一人で抱え込まない」や「⑥あきらめる」といったコーピングを選ぶことは避けられがちです。

　しかしながら、希望者をすべて入所させることは現実的に不可能です。そんなときに、「自分がなんとかしなくちゃ」「要望を受け入れられない自分が不甲斐ない」などと意識してしまうと、その気持ちが自分自身を追い詰めることになりかねません。入居希望者やその家族は、担当者（岩崎さん）の人格を非難しているわけではなく、組織に対する要望を述べているだけだと受け止めましょう。自分の誠意や仕事ぶりに対して何か言われても、それはあくまでも業務における「立場」に物申しているだけであって、ネガティブな思いをこちらが被る必要はないのです。今できることは、入居希望者の気持ちに共感しながら、相手の話をじっくりと聴き、受け止めることです。相手も、自分のモヤモヤとした気持ちを聴いてもらえるだけで、ずいぶん気持ちが落ち着くことでしょう。それだけで、担当者としての役目は十分に果たしているといえます。このように、業務上

の役目だと割り切って考え、**自分のメンタルには踏み込ませないように心がけることが大切**です。

　また、仕事に打ち込めば打ち込むほど、知らないうちにストレス刺激（ストレッサー）は自分に影響してきます。「⑦気晴らしをする」や「⑧くよくよ考えない」など、リラックスして過ごす時間も大切にしたいものです。特にスポーツをしたり、趣味に没頭したりすることで、自分の気持ちをストレスの原因から切り離すことができます。体調がすぐれない場合は、インターネット配信をしている好きなジャンルの映画を見たり、音楽を聴くなどして、仕事のことを忘れられる時間をつくってみましょう。また、**マインドフルネス**（➡ P.160）や**リラクセーション**（➡ P.166）などを活用して、いつもとは違うリラックスする手段を試してみるのも効果的です。

図 コーピングの選択

クレームやカスタマーハラスメントへの対処

　顧客対応に従事する場合には、一定の割合でクレームやカスタマーハラスメントと思われる場面への対応が発生します。

　クレームに対しては、**まずは相手の話をじっくり聞きとるスキル**が必要です。相手が話しているときは、それを遮ることなく、傾聴の姿勢でしっかりと聞くこと、そして、「きちんと聞いています」という姿勢を明確に示すことで、こちらの誠意も伝わりやすくなります。

　相手の言い分が正しく、こちらに非があるような場合には、丁寧な謝罪が必要となります。しかし、相手が事実を誤認していたり、一方的に非難される理由がないような場合には、毅然とした態度で応じることが必要となるでしょう。気をつけたいのは、相手

05 ストレスをためない周囲との付き合い方を知りたい セルフマネジメントの実践　219

の強い口調にあおられてしまい、こちらが悪くなくても「すみません」「申し訳ありません」などと謝罪してしまうことです。一度謝ってしまうと、こちらが悪いと認めたことになり、相手はこちらの責任をますます追及してきます。まずは冷静に、相手の言い分を聞いた上で、どう対処すべきかを考えましょう。その場で答えを出すのではなく、いったん持ち帰り、対応方法をほかのスタッフと相談してから返事をしたほうがよい結果となるケースも少なくありません。

　さらに、**迷惑行為でこちらを攻撃してくるような相手に対しては、カスタマーハラスメントとして、組織全体で対応することが求められます**。決して自分一人で事態を治めようとせず、上司に相談した上で、慎重に進めていくよう心がけましょう。いずれの場合でも、ストレスで自分の気持ちが苦しくなるようなやりとりとなってしまった場合には、必ずストレスコーピングを行い、メンタル面のケアをすることを忘れないようにしてください。

図 クレームへの対応

ストレスによる心身の不調への対応

　仕事へのやりがいを感じて、懸命に取り組むことは決して悪いことではありませんが、無理をしすぎると、自分の心や身体のSOSサインにも気づかなくなってしまうことがあります。「朝、仕事に行かなくてはならないのに起き上がれない」といった症状が出てしまった場合には、ためらわず職場で上司や同僚に状況を伝えるよう努めてください。そして、このままではいつもどおりに業務に就けそうにないことを正直に話しま

しょう。人手不足で休める状態ではないと考える人も少なくありませんが、ここで無理に勤務を続けてしまうと、さらに回復が遅れてしまいます。自分が不在になった場合、担当業務や受け持っている利用者の対応などをどうするか、最低限の引継ぎを行った上で、少し休めば治る、と勝手に自己判断せず、医師の診断を仰ぐことが賢明です。代わりの人がいないから、と調子が悪いのに無理をおして仕事に行くと、さらに状態が悪化し、うつ病などの精神疾患を招き、長期休養を余儀なくされることも考えられます。

エピローグ ── 岩崎さんの場合

　岩崎さんは、かかりつけ医を受診し、少し身体と心を休めたほうがよいとの診断を受け、2か月ほど静養した後、職場に復帰することができました。またそれ以降、どんなに忙しくても、毎日のセルフケアを怠らず、しっかりと睡眠や気晴らしの時間をとるようにしたところ、ちょっとしたストレス場面もうまく切り抜けられるようになってきました。

　また、しんどさを感じたときには無理をせず、周囲に助けを求めることの大切さにも気づかされました。同時に、同僚のこともこまめに観察しながら、いつもと違う様子であれば、声をかけるようにしています。

　今回の出来事を通して岩崎さんにとっての大きな学びは、仕事に対しての熱心な取り組みには、自己犠牲ではなく、自己管理が必要であるということです。こまめにストレスコーピングをしながらストレスをため込まず、クリアな心理状態を保つ習慣も身につきました。

　また事業所では、今回のようにスタッフの誰かが急に休まなくてはならない状況になった場合、どのように仕事を分担し、対処していくべきか等のリスクマネジメントについて、スタッフの意見を聞きながら具体的な施策の立案に着手しました。

05　ストレスをためない周囲との付き合い方を知りたい　セルフマネジメントの実践　　221

索引

あ

アイスブレイク	138
アイデアを引き出す	148
アサーション	180
アサーティブな表現	181
アファメーション	62,166
アンガーマネジメント	163
安全衛生	114
安全の欲求	70
アンラーニング	179
怒りのメカニズム	163
意思決定の場	124
五つの管理機能	2
イノベーション	26,148
インクルージョン	86
インターネットを活用した市場開拓	24
ウインザー効果	182
ウェルビーイング	78
うろ覚えドローイング	138
衛生要因	72
エクイティ	86
エコアクション21	28
エドモンドソン・A	104

エンパワメント	2
オープンクエスチョン	140
オールダム・G	42
怒る	82
オズボーンのチェックリスト	148
おだてる	80
オンライン会議	150,213

か

外発的動機づけ	46,200,202
カウンセリング	76
科学的管理法	4,8
学習する組織	5,96
確証バイアス	182
カスタマーハラスメント	68,120,217,219
価値観の変化	78
カッツモデル	64
環境監査	28
環境と開発に関する世界委員会	112
環境マネジメントシステム	28
感情労働	68
管理職	4
危機管理	32
企業の社会的責任（CSR）	106
企業の七つの学習障害	96
企業倫理	106,109

223

議事録	126,146	限界利益	21
既存事業の生産性	42	限界利益率	21
キャリアアンカー	88	健康経営	16
キャリア開発	88	健康経営度調査	16
キャリア形成	54,60,154,177	合意形成	128,131,132
キャリアデザイン	177	行動指針	192,197
キャリアの3要素	88	行動経済学	102
キャリアパス	18,177,200	行動特性	94
キャリアビジョン	176	行動評価	94
キャリアプラン	55,76,176	コーチング	50,54,63
給与所得	98	コーピングレパートリー	158
競合他社のサービス動向の調査	24	顧客生涯価値	24
業績評価	44,94	顧客満足度	22
業務継続計画	116	個人情報の流出	32
業務指標	44	コストマネジメント	20
業務マネジメント	18,194	固定費	20
共有ビジョン	96	雇用時のミスマッチ	76
金銭的報酬	92,98	コンセプチュアルスキル	64
クライシスマネジメント	32	コンピテンシー評価	94
クラウドサービス	30,66		
クリティカルシンキング	186		
クレーム	120,219		

さ

財産リスク	32
サステナビリティ	112
360度評価	94
ジェンダーハラスメント	118

クレーム対応	68
クローズドクエスチョン	140,142
グローバルな視点における経営課題	14
経営資源	2,20

叱る	82,200,202	純粋リスク	33
時間的コスト	124	生涯学習支援	154
事業構造の転換	42	少子高齢化	10,78
自己研鑽	12,176	情緒的サポート	172
自己効力感	170	承認欲求	70
事後策	32	情報共有	146
自己実現欲求	70	情報的サポート	172
自己宣言効果	62	情報漏洩	66
自己マスタリー	96	賞与	92,98
市場細分化	27	職業特性モデル	42
市場選定	27	職場マネジメント	2,4,168,192,196
市場調査	27	人工知能	30
市場ニーズ	90	人材育成プログラム	74,200
システム思考	96	人材戦略	10,72
事前策	32	人材不足	10,86
持続可能性	106,112	人事評価	46,94
持続可能な開発のための2030アジェンダ	110	人的資源	11,44
質疑応答	134	人的資本	11
社会的欲求	70	人的資本経営	10
社会保険	92,98	人的リスク	32
社会保険料	98	心理的安全性	104,195,206,208
従業員エンゲージメント	42,62,88	心理的リアクタンス	184
重要業績評価指標	44	睡眠のサイクル	175
重要目標達成指標	44	睡眠の質	174
14の管理原則	5,9	スーパーバイザー	52
		スーパーバイジー	52

スーパービジョン	52,77
スキルアップ	179
スキルマップ	64,74,194
ストレスコーピング	156,158,160,174,218
ストレスサイン	76
ストレス対処	54,69,158
ストレスチェック	114
ストレス反応	68,158,166
ストレッサー	158,166
頭脳労働者	8
スライド	126,136
正常性バイアス	182
生成AI	31
生理的欲求	70
世界保健機関	78
セクシュアルハラスメント	118,204,207
積極的関与	39
セリグマン・M	78
セルフ・エフィカシー	170
セルフケア	16,68,174
センゲ・P	5,96
漸進的筋弛緩法	166
ソーシャルサポート	172,174
組織の社会的価値	14
組織マネジメントの7S	100
ソフトの4S	100

損益分岐点	20

た

ダイバーシティ	86
タイムキーパー	125,144
タイムマネジメント	125,128,144,154,164,213
ダイレクトマーケティング	24
タックマンモデル	5,40,195,196
ダニエルズ・O	62
タレントマネジメント	12
チーム学習	96
チームビルディング	40,195
著作権侵害	32
ティーチング	48,50
ディシプリン	96
定性的リスク	33
テイラー・F	5,8
テイラー・システム	5,8
定量的リスク	33
テクニカルスキル	64
デジタイゼーション	31
デジタライゼーション	31
デジタル化	30,126
デジタル・トランスフォーメーション	30,178
デミング・W・E	5

伝言ゲーム……………………138	働き方改革関連法………………78,164
動機づけ…………………46,202	バックキャスティング………………108
動機づけ要因……………………72	ハックマン・J………………42
投機的リスク……………………33	ハードの3S……………………100
道具的サポート…………………172	パフォーマンスマネジメント……………62
ドラッカー・P………………4,5,6,36	ハラスメント……………118,204
	ハロー効果………………………182

な

	パワーハラスメント…………82,118,204,207
内発的動機づけ……………46,200,202	板書………………………134
ナッジ理論…………………102	非金銭的報酬……………………98
70:20:10フレームワーク…………74	ビジネスマナー……………………188
七つの原則…………………106	批判的思考………………39,64,186
七つの中核課題…………………106	ヒューマンエラー…………………32
肉体労働者…………………8	ヒューマンスキル……………………64
認知的再体制化…………………158	評価的サポート…………………172
認知バイアス……………………182	標準報酬月額……………………98
ノンレム睡眠……………………174	費用・利益リスク……………………32

は

	品質マネジメント……………4,22
ハーズバーグの二要因理論………………72	品質マネジメントの7原則………………23
パーパス経営……………5,14	ファシリテーション………128,132,212
バーンアウト……………68,156,217	ファシリテーター……………………
賠償責任リスク……………………32	………124,128,132,134,144,150,210,212
ハウス・R………………36	ファヨール・H………………2,5,8
パス＝ゴール理論…………………36	フィードバック……………42,63,146
働き方改革……………78,154	フォアキャスティング………………108
	フォロワー……………………38

227

フォロワーシップ……………………… 38	マッコール・M…………………………… 36
福利厚生………………………………… 92	マテリアリティ…………………………108
プランニング…………………………… 90	マネージャー…………………………… 6
ブルーカラー…………………………… 8	マネジメント………………………… 2,6
フレーミング効果………………………182	ミーティング・マネジメント…………124,211
ブレーム・Jの実験……………………185	見える化………………………………134
プレゼンテーション……………………136	身だしなみ……………………………188
フロイデンバーガー・H………………156	瞑想……………………………………160
プロスペクト理論………………………102	メタ認知………………………………… 64
ヘルスリテラシー……………………… 17	メンター………………………………… 54
変動費…………………………………… 20	メンタリング…………………………… 54
報酬……………………………………… 98	メンタルケア…………………………… 76
法定外福利厚生………………………… 92	メンタルヘルス……………………… 77,114
法定福利厚生…………………………… 92	メンタル・モデル……………………… 96
ポジショニング………………………… 27	メンティー……………………………… 54
ホックシールド・A・R………………… 68,156	燃え尽き症候群………………………156
ほめる………………………80,200,202	目標管理制度…………………………… 94
ホワイトカラー………………………… 8	モチベーション…………46,80,170,199,202
	モチベーションの喪失………………… 68
	モノのインターネット………………… 30
## ま	モラルハラスメント……………………118
マーケティング・マネジメント……………24	
マーケティング・ミックス………………… 27	## や
マインドフルネス………………………160	欲求階層説…………………………… 70,73
マズロー・A………………………… 70,73	四つの不安……………………………104
マタニティハラスメント………………118	

4アクションルール……………………148
4段階職業指導法…………………… 56

ら

ラテラルシンキング…………………186
リアリティ・ショック………………… 76
リーダー……………………………6,36
リーダーシップ……………………6,36,196
リカレント教育……………………178
離職防止……………………………… 76
離職率……………………………… 42
リスキリング…………………88,176,178
リスクコントロール………………… 33
リスクファイナンシング…………… 33
リスクマネジメント………………… 32
リモートワーク………………66,86,150
リラクセーション…………………166,170
レジュメ……………………………126
レジリエンス………………………168,170
レム睡眠……………………………174
労働安全……………………………114
労働安全衛生法……………………114
労働衛生……………………………114
労働集約型の経済成長……………… 4
労務管理…………………………… 66

ロジカルシンキング…………………186

わ

ワーク・ライフ・バランス…17,55,69,77,86,154
1on1ミーティング…………………60,63,72

欧文

ABC分析……………………………… 20
AI……………………………………… 30
BCP…………………………………116
CSR…………………………………106
DX…………………………………10,12,30
ESG………………………………108,112
ESG投資……………………………108
eラーニング………………………75,201
IoT…………………………………… 30
ISO14001………………………… 28
ISO規格…………………………… 29
IT化………………………………… 10
IT技術………………………………178
I(アイ)メッセージ…………………180
KGI………………………………… 44
KPI………………………………… 44
OFF-JT(Off the Job Training)…58,75,201
OJT(On the Job Training) 56,58,75,198,201

PDCAサイクル……………………… 23,29,56

PERMA ……………………………… 78

PRI…………………………………… 108

SD ……………………………………… 75

SDGs ………………………… 14,78,110,112

SMARTの法則 ……………………… 44

SNS …………………………………… 24

WHO ………………………………… 78

著者紹介

大村美樹子（おおむら・みきこ）

株式会社アイビー・リレーションズ代表取締役
国家資格キャリアコンサルタント、公認心理師、産業カウンセラー
大妻女子大学非常勤講師、修士（実践人間科学；早稲田大学）、早稲田大学人間
総合研究センター招聘研究員

富士通株式会社を経て2010年より現職。官公庁、自治体、民間企業、医療機関、
教育機関などで臨床心理学に基づいた働く人のための講演、研修、コンサルティング
などを行う。
主な著書に「よくわかる！ 心理的安全性入門」（スタンダーズ）、「メディカルスタッ
フ必携 マナー・コミュニケーションスキル帳」（山蔦圭輔らと共著、Gakken）があ
る。雑誌『ケアマネジャー』（中央法規）にて2023年10月号より「働きやすい職場
をつくる！ チーム力を伸ばす！ "心理的安全性" の高め方」を連載中。

図解でわかる対人援助職のための職場マネジメント

2024年10月30日　発行

著　者	大村美樹子
発行者	荘村明彦
発行所	中央法規出版株式会社
	〒110-0016　東京都台東区台東3-29-1　中央法規ビル
	Tel 03(6387)3196
	https://www.chuohoki.co.jp/
印刷・製本	株式会社ルナテック
装幀デザイン	二ノ宮匡（ニクスインク）
本文・DTP	ホリウチミホ（ニクスインク）
イラスト	大野文彰

定価はカバーに表示してあります。

ISBN978-4-8243-0138-3

本書のコピー、スキャン、デジタル化等の無断複製は、著作権法上での例外を除き禁じられています。また、本書を代行業者等の第三者に依頼してコピー、スキャン、デジタル化することは、たとえ個人や家庭内での利用であっても著作権法違反です。

落丁本・乱丁本はお取り替えいたします。

本書の内容に関するご質問については、下記URLから「お問い合わせフォーム」にご入力いただきますようお願いいたします。

https://www.chuohoki.co.jp/contact/